무소유 신화

무소유 신화

세상의 고정관념과 편견을 이겨낸 이야기

김태완 지음

바른북스

서문

    살아오는 동안 사무공간이든 침실이나 서재이든 정리 정돈을 마치고 나면 언제나 새로운 출발을 할 수 있는 힘을 얻게 되는 경험을 자주 하였다. 정리 정돈은 거슬리지 않고 간편하게 활용할 수 있도록 치우고 재배치하는 것이다.

    글을 쓰는 것도 이와 같은 것으로 생각한다. 마음속에 생각을 정리 정돈 하는 이치와 같지 않을까. 이러한 활동은 치유의 기능이 강하고 내게 생기를 불어넣어 준다.

    이순(耳順)이 되어 감회가 별다르다. 개인적으로 나이가 들어가는 경험은 경이롭고 기쁨이다. 생계를 위해 일했던 37년간의 직장에서 물러나는 경험은 정리 정돈의 시간이 필요하다. 집에서 함께 생활하던 자녀들이 독립하여 둥지를 떠나서 자주 만날 수 없는 시간이 고요함을 주는 것도 새롭다.

손주들이 사랑스럽기가 자녀를 앞서는 것은 함께 생활할 시간이 짧기 때문인지도 모르겠다. 다섯 자녀가 아직은 하늘에서 손주들을 모두 데리고 오지는 않았다. 소은이 소담이 뒤를 따라서 시간이 지나면 열 명은 될 것이다. 부모의 후손이 마흔두 명이 되었듯이 나와 아내의 후손들도 높은 파도를 이기고 현세에서 번영하고 성약의 길에서 머물기를 소망한다.

  이제 시작하는 사유의 시간이 글을 쓰는 편안함으로 이끈다.

2025. 3.

벽수재에서

김태완

| 차 례 |

서문

1부

육지 아이들 섬 중학교 가다	10
무소유 신화(神話)	15
여수인 나	21
역사의 강	26
기억할 배우	30
동장의 현충일	34
삼일동을 떠나며	38
지선을 기억하며	41
경제일자리과 퇴임 인사	46
기다려	50
명절 일직	55
위대한 도시, 여수의 쇠퇴를 보며	58
폭풍우가 새싹을	64
하동계곡	68

2부

아버지의 산상수훈(山上垂訓) ······ 74
선친의 종교심 ······ 80
조 원장의 인연 ······ 84
뿌리 찾기 ······ 89
5월의 앨범 ······ 96
고산을 만나다 ······ 100
산업지원과 동료 직원 여러분께 ······ 103
춘향가 ······ 108
테크니션스쿨 ······ 112
물이목(水項) ······ 116
담임 선생님과 여동생 ······ 120
사랑하고 존경하는 정 형제님! ······ 124
쟁기질과 10·26 ······ 128

3부

장수만의 추억 ······ 134
인례표 기장떡 ······ 138
하루의 주인 ······ 143
비개등과 비봉산 ······ 149
마지막 당직 ······ 154
망향비 ······ 158
투자박람회과 직원 여러분께 ······ 162
청년일자리과 해단식 후기 ······ 165
인생이 여행이라면 종착지는 자연이다 ······ 167
어머님께 ······ 171
약 타고 오는 길 ······ 175
《해남신문》에 대한 소고(小考) ······ 179
내 인생의 선지 ······ 182

1부

육지 아이들 섬 중학교 가다

　섬의 이름은 백야도(白也島)이다. 어른들은 그 섬을 흰 섬이라 불렀다. 화정면 소재지이고 초등학교와 중학교가 있었다. 산봉우리에서 바닷가에 이른 능선의 흰 모습이 배의 돛 같아 웅장한 기풍을 가진 섬이다. 가막만의 큰 바람을 막아주어 장수만이 호수처럼 잔잔한 바다의 역할을 한다. 1977년 중학교 입학 시기가 되었는데 다섯 명의 친구는 시내 중학교로 진학하였다. 친구들은 친척댁에서 하숙하며 다니게 되었다고 하였다. 시내에 고모가 두 분이나 계셨지만 갈 수 없는 어린 마음에 친구들이 무척 부러웠다. 나는 흰 섬의 화정중학교로 진학한 것이다. 우리나라에서 유일하게 육지에서 섬으로 중학교에 다니게 된 셈이다.

육지면인 화양면 일부 지역은 중학교까지 도로가 개설되지 않았다. 자동차가 다닐 수가 없고 걸어서 다닐 수 없는 먼 거리여서 학생들을 인근 섬의 중학교 학군에 포함한 것이다. 중학생 3년간 학교 가는 길은 멀고도 힘들었다. 아침에 집을 떠나 갯가길 2킬로미터를 걸어 인근 마을 선착장에 도착한 후 통학선(通學船)에 올라 뱃길로 6킬로미터를 배를 타고 매일 아침과 저녁 학교와 집에 오고 갔다. 폭풍 주의보가 예보되면 수업을 중단하고 섬 맞은편 육지 마을에 내려서 8킬로미터를 걸어 집으로 귀가했다. 이제 와서 생각해 보니 남녀 공학이었기 때문에 여학생 친구들은 더 힘들었겠다고 생각하게 된다.

통학선을 이용하는 반년간 뱃삯은 보리 두 말 반이었다. 그것마저도 감당하지 못하는 학생들이 많았다. 나도 거기에 포함되었다. 요즘에는 정부에서 섬 지역 청소년이 시내로 진학하면 숙박비와 교통비 등 비용을 지원한다. 70년대 농어촌의 형편은 심각하였다. 일거리가 없어서 아버지들이 소득을 얻고자 가족을 떠나 원양어선을 1~2년 타는 시절이고 그러한 가정은 여유 있는 집이었다. 가난하고 미래가 불확실한 그 시절 우울하고 힘들던 청소년 시기가 그리운 것은 그 수많은 삶의 굽이굽이마다 만나는 도전을 극복하고 이겨냈기 때문이다.

아이들은 한 학년에 두 반 정도였다. 거의 대부분이 육지에서 온 학생들이었다. 남녀가 합반으로 구성되었고 여학생들은 나이가 들고 성숙한 학생들이 많았다. 검은 교복을 입고 단발머리와 까까머리 아이들은 조회 시간과 교실은 온통 까만색이었다. 아이들은 수업 시간에 집중하고 선생님들의 많은 배려와 사랑을 받았다. 음악 선생님은 모두에게 악기를 다루게 도와주었고 노래하는 방법을 열정적으로 훈련하였다. 체육 시간도 모든 구기 종목을 가르쳐 주었다. 이때 리코더와 배구를 익혀서 지금까지 그 재능을 키워왔다.

2학년 때 담임은 미술 선생님이었다. 큰 눈과 작은 키에 단발 곱슬머리로 예술가의 이미지였다. 그분은 시골 아이들에 대한 이해와 배려가 컸다. 그분의 기억은 구례 화엄사로 수학여행을 갔던 추억을 잊을 수가 없다. 저녁 밥때가 되어 민박집에 도착하여 반찬이 도토리묵이 나왔는데 배고픈 아이들이 밥이 나오기 전에 그릇을 비워버렸다. 밥이 들어오자 담임 선생님이 들어와 밥상을 보니 빈 그릇만 보이자, 주인에게 반찬을 더 달라고 하였다. 도토리묵이 귀하였는지 더 이상 줄 수 없다는 큰 소리가 들렸다. 선생님과 주인 간의 높은 언성으로 다투는 말에 "아니 사장님, 섬에 살다가 평생 처음 수학여행 온 아이들이에요. 좀 더 주면 안 됩니까?" 제자에 대한 애틋한 마음과 깊은 사랑의 말이 마음속에 큰 감사함으로 기록되어 있다.

통학선을 타고 함께 다니는 인근 마을의 장애가 있는 여학생이 있었다. 같은 학년이었으나 나이는 같은 학년보다 몇 살 위였다. 걸을 때 한쪽 무릎을 손으로 잡고 걸었는데 배에 오르내리는 일과 오르막길의 학교까지 다닐 때 매우 힘들어하였다. 친구들 두서너 명이 항상 함께하고 같은 반 여학생 아이들이 그와 친절하게 대하는 분위기는 때 묻지 않고 선한 아이들의 모습은 나에게 남을 돕는 삶을 사는 일에 큰 모범이 되었다. 노동도 하였다. 운동장을 조성하는 데 돌과 흙을 졸업할 때까지 매주 옮겼던 경험은 지금 건강한 몸을 만드는 데 도움이 될 줄 알았으면 불평함 없이 기쁨으로 할 것을 하고 후회하는 생각이 든다.

아이들은 가정환경과 생활 여건이 어려웠지만 밝았고 순수하였다. 선한 일들을 따랐고 정이 많고 착했다. 스승에 대한 존중과 예절 바른 태도는 졸업하고 45년이 지난 지금도 생존해 계신 분들을 모시고 행사를 한다. 친구들은 여러 지역에서 먼 길을 돌아 참석한다. 매년 모임을 하는데 세상을 떠난 친구, 몸이 아픈 친구, 성공한 친구 이야기들을 듣다 보면 3년간 통학선에 올라 학교를 향해 가는 길에 강한 바람과 높은 파도의 바닷물을 둘러쓰며 견뎠던 어린 시절의 승리는 모두가 함께할 때 가능했음을 기억하곤 한다.

휜 섬과의 인연은 또 한 번 맺게 된다. 졸업 15년 후 섬에 있는 직장으로 발령을 받아 1년여간 근무를 하였다. 그때도 다리가 없어 도선을 타고 섬에 들어갔다. 20대였던 나는 시간을 내어 중학교 추억을 더듬으며 학교와 교실을 돌아보았다. 작은 분교로 조용하다 못해 적막하였다. 크게 보였던 운동장은 아담하게 보이고 돌과 흙으로 채웠던 운동장 모퉁이는 그때 그 모습이었다. 이 반복된 인연이 오늘, 이 글을 쓰고 있는 이유인지도 모르겠다.

다리가 연결되지 않아 통학선과 도선을 타야 했던 주민과 학생들은 섬의 다리 연결 필요성과 뜬소문은 항상 있었다. 마을 출신 4선의 전 국회의원이 출마 때마다 백야대교를 놓겠다고 공약하였다. 그가 이루지는 않았지만, 백야대교는 2005년 섬과 육지 간 다리가 연결되었다. 모교인 중학교는 1969년 10월 설립되었는데 졸업생 2,701명을 배출하고 1998년 12월에 폐교가 되었다. 아이들은 육지에 개교된 화양남중학교를 다니게 되었다.

섬과 뭍에서 아이들을 불러 모아 품어주었던 교실은 깨진 창문과 앙상한 콘크리트 벽체만이 남아 있다. 30년 동안 아이들의 바닷길을 열어주었던 통학선과 수많은 이들의 다리의 역할을 하였던 도선(渡船)은 먼 추억의 뒤안길로 잠겨버렸다. 이제 섬 학군 육지 아이들 20여 명은 화양중학교 화양남분교에 다닌다. 백야도는 가고 싶을 땐 언제나 달려갈 수 있는 아치교가 이어진 연륙 섬이 되었다.

(2021)

무소유 신화 (神話)

"왜 우리는 이렇게 쫓기듯이 인생을 낭비해 가면서 살아야 하는가? 우리는 배가 고프기도 전에 굶어 죽을 각오를 하고 있다. 사람들은 제 때의 한 바늘이나 나중의 아홉 바늘의 수고를 막아준다고 하면서, 내일의 아홉 바늘의 수고를 막기 위해 오늘 천 바늘을 꿰매고 있다. 일. 일. 하지만 우리는 이렇다 할 중요한 일 하나 하고 있지 않다. 단지 무도병에 걸려 머리를 가만히 놔둘 수 없을 뿐이다."

헨리 데이비드 소로가 쓴《월든》의 책 일부 내용이다. 살아가는 동안 필요 이상으로 벌고 더 많은 소유를 위해 삶을 희생시키는 것을 지적한 말이다. 그는 사람이 어느 정도의 소유가 생존에 필요한지 실험적으로 실증하고자 했다. 사람의 모든 목적이 탐욕과 소유를 위한 것처럼 살아가는 인간에 관한 연구의 시간을 가졌다. 월든 호숫가에서 2년 2개월의 기간을 거주하면서 살아가는 데 필요한 소유가 어느 정도가 적정한지를 경험하기 위한 생활로 식량, 주거, 연료 등이 필요한 양을 기록과 삶에 대한 사색한 결과를《월든》이라는 책으로 내놓았다.

법정 스님은《무소유》의 글에서 인도의 마하트마 간디가 런던에서 열린 회의에 참석하기 위해서 마르세유에 입국하면서 세관원에게 소지품을 보이며 "내가 가진 거라고는 물레와 교도소에서 쓰던 밥그릇과 염소젖 한 깡통, 허름한 담요 여섯 장, 수건 그리고 대단치 않은 평판, 이것뿐이오."라는 구절을 읽고 몹시 부끄러워했다고 한다. 수행 중 난초 두 분을 선물 받아 기르면서 마음에 집착과 그 소유사(所有史)를 깨달았다고 기록하였다. 속박에서 빠져나오기 위하여 그 난을 친구에게 선물하고서야 얽매임에서 벗어난 경험으로 그는 하루에 한 가지씩 버림을 통해서 무소유의 의미 같은 걸 터득하게 되었다고 말하였다.

자립을 위하여 35년째 직장생활을 하면서 가끔 어린 시절 알았던 나를 잃어버렸다는 생각이 들 때가 자주 있었다. 사색하고 생각할 수 있는 시간이 부족했다는 것을 자각하면서도 나를 돌아보는 시간을 계속 뒤로 미루고 있었다. 지역 사회와 조직에 순응하기 위해 얼마나 기계적이고 자신을 닫아버리는 시간이 많았는지를 알고 있다. 직장인으로 그 틀에 맞추기 위해 나를 잘라내고 풍선을 묶어 낮게 걸어둔 세월이기도 하였다. 어디 나만 그러하였겠는가? 지상 생활을 경험하고 떠난 모든 이들이었으리라.

《월든》과 《무소유》를 오래전에 읽고 시간이 흘러 몇 년 전 다시 책을 사서 더 깊게 사색하였다. 나를 찾아가는 시간이 필요하다는 인식을 하면서도 가정을 이루고 가족의 부양과 자녀의 미래를 준비해야 하는 아비의 시간은 항상 뒷전이었다. 사랑하는 아내와 다섯 자녀를 위해 난 어두(漁頭)를 좋아하는 아버지로 기억되며 살았다. 아내 역시 생선 머리를 먹으며 나보다 더 헌신적이었다. 일터의 문을 닫아야 하는 두 해를 앞두고 아내와 함께 필요한 것만 소유하며 나를 찾아 떠나는 그곳, 고향 바다, 산과 하천을 되새기곤 한다. 어쩌면 그곳은 자유롭게 되리라는 진리의 지식을 꿈꾸는 목적지가 아닐까 싶다.

세상의 이치가 사람이 태어나 결혼하고 자녀를 키우며 기쁨과 행복을 경험하면 삶을 이어간다. 모두가 그렇게 하여 세상은 존속되고 사람이 존재하게 된다. 아직 혼사를 이루지 않은 자식 넷을 보면서 또한 많은 염려를 경험하며 성장하고 성숙해 가는 날 보게 된다. 삶 자체가 소득을 얻어야만 자신과 가족이 살아가는 데 자립이 된다. 그런데도 부정적인 기조에 입각한 소유를 죄악시하는 사조와 사람의 가르침이 오해를 불러일으킬 수 있다. 사회적으로 개인과 가족의 자립은 매우 중요한 삶의 기반이다. 더 나아가 사회 구성원들이 질서와 더불어 살아가는 공동체를 이루는 데 매우 중요한 일이기도 하다. 하지만 그 욕심과 소유욕이 지나쳐 사람이 서 있을 땅을 무너뜨리고 만물의 영장인 사람들의 양심을 불태우고 있는 세상의 모습은 끔찍하다.

댈린 에이치 옥스는 성경 속 부자 청년의 근심에 대하여 "재물을 소유한 것 자체가 아닌 재물에 대한 그의 태도에 배어 있는 악함"을 지적한 것이며, 시편의 저자는 "재물이 늘어도 거기에 마음을 두지 말라."고 하였다. 법정은 "우리들의 소유의 관념이 때로는 우리들의 눈을 멀게 한다. 그래서 자기의 분수까지도 돌볼 새 없이 들뜬다."라고 말하고 있다. 어떻게 해야 하는지는 한 사람 한 사람이 자신의 자유의지에 따라 소유에 대한 여러 길 중 한 길을 선택해야 하리라.

소유하지 않는 것이 정의(正義)가 되어서는 안 된다는 것이 내 생각이다. 세상의 역사는 자녀와 후손에게 유산을 물려주는 관행과 전통이 이어오고 있다. 복을 이야기할 때도 유산의 많고 적음이 대두된다. 사물에 대한 정의를 내릴 때 영원을 기반으로 하는 가르침들이 많다. 우리 조상들도 죽음 너머서 만날 부모와 조상들에 관한 생각으로 정의와 올바른 삶에 대한 것을 지렛대로 삼아 살아오기도 하였다. 한편으로는 궁핍하여 먹고 입는 것이 필요한 자들에게 나누는 사람들, 평생 모은 재산을 그가 원하는 분야에 기부하는 사람들, 그들은 소유를 통해 소유자로서 책임을 다한 현명한 소유자로 살아가는 것이다.

무소유란 아무것도 소유하지 않는 것이 아니라, 필요 없는 것을 갖지 않는다는 것이며, 모든 것을 소유하지 않는 것이 아닌, 사물에 대한 욕심을 버리고, 필요한 최소한의 소유로 만족하는 마음을 지니는 것으로 생각한다.

이를 명심보감과 도덕경에서는 "만족할 줄 아는 사람은 가난하거나 천하더라도 즐겁게 살고, 만족할 줄 모르는 사람은 부유하거나 귀하더라도 역시 근심스럽다."라고 한다. 그러므로 만족할 줄 아는 자가 진정한 부자(知足者富)인 것이다.

근본적으로 세상사 모든 것에 하나하나의 목적과 진리를 알 수 있다면, 어떻게 살아야 할지 명백하고 정확한 정답을 찾을 수 있을 것이다. 어둠 가운데서 사물의 식별을 못 하듯이 물상 존재의 목적을 모르니 수만 가지의 주장과 셀 수 없이 많은 길이 펼쳐져 있다. 하지만 소유와 무소유를 떠나, 산다는 것은 더 많이 소유하기 위한 시간을, 더 가치 있는 것, 즉 진리를 알아가기 위해 삶을 준비하는 시간으로 채운다면 우리는 모든 것을 소유한 자가 되지 않을까 한다. (2022)

여수인 나

여수를 사랑한다. 1600년대부터 300년 가까이 조상이 살아온 고향이다. 57년을 살았다. 공직을 33년째 일하고 있다. 예수그리스도후기성도교회 여수지부에서 29년째 참여하고 봉사하고 있다. 여수는 나의 삶에서 혈육의 조상들, 영적으로 이스라엘의 성약의 백성으로, 직업으로 도시 공직자로 한평생을 바쳐 생계를 유지하고 성장하고 발전하게 한 도시다.

이러한 나의 삶은 여수에 가족의 역사가 있다. 뿌리가 여수에 있다. 친가는 화양면 장수리 장척마을과 장수(자매)마을 일원이다. 입향조인 300년 전 할아버지가 이영산 물이목에 묘역이 있어서 지금은 그 후손들이 대규모로 납골당(경선당)을 조성하였다. 외가는 화양면 이목리 벌가마을 일원이다. 밀양 박씨 집성촌이다.

친가 할머니도 김영 김씨 집안으로 장수리이다. 할머니의 어머니는 화정면 낭도마을의 강릉 유씨 집안이다. 외가 할머니는 경주 김씨 집안이다. 이목리 연말 마을이다. 외조모의 외할머니 어머니는 광산 김씨이다. 역시 화양면 장수리 장등마을이다.

직장을 1988년에 시험에 합격하고 1989년 24세에 여천군청 공직의 자리를 하나님의 축복으로 받았다. 1998년 4월 1일 여수시, 여천시, 여천군이 통합되었다. 인구수와 경제규모로 전남 제일의 도시가 된 것이다. 그로부터 23년이 되어 인구는 5만 명이 감소되었다. 도시의 성장비전의 부재와 무지의 결과였다. 이러한 현상을 나는 2003년부터 분석하여 왔다. 많을 이야기를 하여서 공감대를 구하였지만 수포로 돌아갔다. 평생학습도시와 테크니션스쿨, 모든 관광산업 발전의 기반을 두었다. 2차산업도 삼동지구 R&D 사업 기반의 미래혁신지구도 추진했다. 퇴직 3년 6개월을 앞두고 있다. 공직자로 여수인으로 대안을 내놓고 싶고 성장과 발전이 계속되는 도시가 되기를 기대해 본다.

많은 현안을 앞두고 도시가 해결하지 못하고 계속 쇠퇴와 쇠락을 하는 것을 보면서 도시의 통계자료를 분석하였다. 그러면서도 도시의 리더십의 인적구조와 도시민의 지성을 살펴보게 되었다. 빈약함을 알게 되었다. 이러한 원인을 규명하기 위해서 연구하기 시작했다. 다양한 데이터를 분석하면서도 여수의 역사를 살피고 연구를 하였다. 정말 소외와 핍박의 역사를 고려 480년과 조선 500년 현실에 좌절을 맛보았다.

고려시대는 여수현은 인근 순천의 호족세력하에서 최소 400년 동안 감무(현령)가 파견되지 않고 호족 세력하에서 힘든 지역으로 유지되었다. 조선시대 여수현은 태조 5년에 마지막 현령의 역성혁명을 받아들이지 않는 충절의 정신으로 폐현이 되었다. 그 후 복현을 반대하는 순천 지역의 아전배와 패권세력이 500년간 면 지역으로 이름 없는 변방의 지역으로 남도록 방해하고 그 사건이 삼복삼파이다. 힘없는 인적구조와 국가의 요충지였지만 핍박과 멸시의 지역이었다.

이러한 연유로 인하여 국가에 큰 기여를 한 역사상 인물이 거의 없는 지역이 되었다. 고려, 조선시대에 역사적 출신 인물이 매우 적다. 그 뿌리와 전통은 근현대에 와서도 극복하지 못한 지역으로 남았다.

지역이 역사에서 융성한 발전을 이룬 시기가 공교롭게도 일제강점기였다. 전남 동부권의 중심 지역으로 자리를 잡게 된다. 이는 전라선(기차) 시발역이었다. 또한 일제가 해안 간척사업이 여수 반도에 이루어지면서 타 지역에서 돈을 벌기 위해서 전입하여 머무는 사람들이 많아지면서 인구 증가와 경제 중심지와 일본 시모노세키로 가는 항구가 된 것이다. 고흥군 출신들이 이때 이후 여수에 많은 이주가 일어났고 인구 비율이 30%를 차지한다는 말이 전해진다. 인근 남해군 주민도 같았다. 소라면 대포 2구 마을에 남해촌 마을이 있다.

도시민들이 역사 인식이 부족하다. 교육과 인식이 필요하다. 관심을 기울이게 해야만 변화와 대안이 나오게 되고 여수역사 의식이 살아난다. 그리하여 여수의 시대정신이 도시를 발전하고 성장할 수 있다. 문제는 지도자이다. 도시의 지성을 높이는 것이다. 여수학의 교육이 필요하다. 청소년들부터 젊은이, 직장인에게 지도자들에게 가르쳐야 한다. 숨겨진 비밀의 역사도 알려야 한다. 고조선과 여수와 비밀 그리고 가야, 백제, 신라의 역사도 알려야 한다.

그리고 하나님의 구원 계획도 알려야 한다. 나는 생각이 깊은 사람이다. 근원을 찾는 구도자이다. 우리가 누구인지. 왜 인간은 지상에 존재하는지. 인간은 어떻게 살아야 하는 것인지. 29년 전 이러한 질문에 답을 얻었다. 몰몬경에서 출발하여 예수그리스도후기성도교회를 만났다. 선지자와 사도가 있다. 이들은 하나님을 아는 특별한 증인들이다. 그들은 계시를 받는다. 성신의 인도를 받는다. 신권의 권세를 갖고 있다. 인생의 모든 질문에 답을 갖고 있다. 이는 하나님의 구원의 계획 또는 행복의 계획이다. 이를 복음이라고 한다. 복음은 회복되었고 계속 회복되고 있다.

죽은 모든 사람도 구원의 방법을 알려준다. 인생은 시험과 역경을 통해서 경험하고 결혼, 증진, 신앙, 회개, 간증, 개심, 거듭남, 인봉 등의 목적이 있다.

이 모든 것이 나에겐 여수의 땅에서 이루어지고 있는데 이러한 여수와 시민을 사랑한다. (2021)

역사의 강

　퇴직을 2년여 앞두고 있다. 20대 중반에 시작된 직장생활이 35년째이다. 누구나 퇴직을 앞두고 많은 상념의 시간이 있을 것이다. 직장이 살고 있는 지역과 시민에게 영향을 미치는 일이라면 더 깊은 상념이 있을 수 있다고 생각한다. 내가 사는 도시는 3개 시군이 시민들의 합의에 따라 통합이 된 지가 25년이 되었다. 1991년 민선 시대가 시작되면서 반도권 안의 3개 시군이 상생의 길을 가고자 한 도시가 1995년 통합을 주도하였으나 실패 후 어려운 준비 과정을 거쳐 1998년 통합된 도시로 출발하였다. 인구수로도 경제 규모 등도 명실공히 도내 제일의 도시가 되었다. 하지만 통합 전부터 시작된 도시의 쇠퇴와 인구감소를 막는 데 집단지성이 작동하지 않는 면이 있었다. 고향인 도시에서 시민을 위해 일하고 생계를 이어가는 직업치곤 보람되고 매우 가치 있는 삶이었다.

도시발전과 시민 복리를 위한 사랑하는 마음이 내 직업관에 들어선 후 천직으로 여기며 일했다. 공부하고 연구하는 가운데 도시의 성장과 경쟁력을 위하여 모든 것을 쏟아부으며 일해왔다. 정책을 수립할 때마다 매년 통계자료를 분석한 후 대책을 마련하였다. 도시의 지표를 분석하면 할수록 쇠퇴해 가고, 내리막길로 미끄러져 가는 도시의 현실 앞에 대책 없는 지도자들의 무지를 보게 되었다. 다양한 경로를 통해 그러한 데이터를 알리고 공감대를 얻고자 했지만, 무관심과 전시행정을 우선시하는 민선 시대의 취약성이 그대로 드러났다. 그렇다고 다른 도시보다 못하는 것은 아니었다. 대규모 국가산단이 있는 도시로 양질의 일자리도 있기에 타성에 젖어 있었는지도 모르는 일이었다.

20여 년간 내게 주어진 업무들의 범위에서 도시의 성장과 경쟁력을 키우고 쇠퇴에 대한 대응책으로 다양한 사업과 시책을 추진하였다. 민선 리더들은 도시의 비전은 편협했고 미래를 준비하는 일은 소홀했다. 도시의 심각한 쇠퇴의 현상이 나타나고 문제점이 있지만 극복되지 않고 알고도 무관심하기까지 했다. 나는 전환점을 찾지 못하는 이 도시의 역사가 궁금했다. 아울러 도시의 인맥과 지성이 낮은 이유가 궁금했다. 도시의 최근 역사부터 알아보기 시작했다. 일제 강점기와 조선시대의 역사를 알아가면서 깜짝 놀라기 시작했다. 이렇게 많은 상처와 차별 속에서 이 도시가 있었다는 것을 알게 되었다. 조선시대 초기 이후에는 과거 급제자가 없었던 슬픈 도시였다.

출발은 고려 말 이 도시의 마지막 현령이 이성계의 역성혁명에 반대하여 조선 태조 5년까지 반기를 든 것이다. 그해 도시는 폐현(廢縣)이 되고 만다. 그리고 이웃 도시의 부(府)에 부속되게 된다. 이웃인 부(府)민은 선한 사마리아인들이 아니었다. 이 도시는 다시 한 번 군현을 되찾고자 세 번의 현을 만들었으나 이웃인 부(府)민들은 지역의 패권과 자신들의 이익을 위하여 중앙 정치 세력과 결탁하여 세 번 폐현(廢縣)을 시킨다. 이를 이 도시에서는 삼복삼파(三復三破)라고 부른다. 조선 500여 년간 이 도시는 그렇게 핍박과 부당한 차별을 받으며 살아온 것이다. 500년의 공백은 너무나 많은 것을 잃어버렸다.

이러한 토대 위에 서 있는 이 도시는 집단지성이 부족한 결과를 낳았다. 도시 출신의 시민은 30%를 넘지 않는다. 1896~1897년 도시에 2개의 군이 설립될 때 4,000여 세대에 1만 4,000여 명이 살고 있었다. 125년 전의 통계이다. 놀랍게도 이 도시는 일제 강점기와 6·25전쟁을 전후하여 엄청난 시민의 유입으로 시작해서 25년 전

33만 명의 도시가 되었었다. 이제 도시는 20여 년간 잘못된 도시 비전과 집단지성 부재로 쇠락한 도시가 되어왔다. 인구는 5만 3천여 명이 감소했다. 조선시대 삼복삼파(三復三破)를 주도했던 여수민을 힘들게 했던 부(府)였던 이웃 도시는 이제 다시 패권을 잡아가고 있다. 인구로 도내 제일의 도시가 되었다.

이러한 반복되는 역사의 흐름 앞에서 역사의 강을 생각한다. 한반도 역사의 흐름이 그러하지 않은가. 중국, 일본, 러시아, 미국, 영국 등의 열강들은 변함없이 한반도의 기지개를 켜는 데 걸림돌이다. 한반도가 그러듯 이곳 반도라고 별다르지 않다. 삼복삼파(三復三破)를 피해를 안겨준 부(府)였던 이웃 도시는 선거 때만 되면 메가시티니, 남중권 중심도시니 하면서 인근 2개 도시 통합으로 그 관점 그 야욕으로 패권에 눈이 먼 그들 조상 역사의 강에 따라 다시 흘러가고 있다. 이 도시가 새로운 역사의 강을 만들어 나가길 빌며 도시의 비전을 바라본다. (2023)

기억할 배우

"인생은 연극이고 인간은 배우라는 것을 기억하라."라고 철학자 에픽테토스는 말했다. 이 말에서 주어진 의미를 최근에 실감하게 되었다. 당연한 말 같으면서도 심오한 뜻이 있다는 것을 깨닫는다. 37년 전 20대 중반의 나는 한 번도 경험해 보지 못한 무대에 올랐다. 군 제대를 하고 몇 개월 후 지방정부의 시험에 합격하고 시민들이 관객인 공직의 역할을 맡은 배우의 삶을 시작했었다. 생존하셨던 부모님의 격려를 받으면서 올랐던 무대였다.

여러 부서의 작은 무대를 옮겨 다니며 했던 많은 경험 중, 가장 기억에 남는 무대는 2004년부터 30대 후반의 나이에 있었다. 도시의 청년들을 위한 취업학교를 설립하는 일이었다. 도시에는 1천만

평의 국가산업단지가 있었다. 대기업의 생산시설 공장이 20여 개가 있었는데 높은 연봉에 좋은 복지, 그럼에도 지역의 청년들이 입사하기엔 어려웠다. 마침 정부에서 평생학습도시를 지정하는 시책이 시작되었다. 그 부서에서 청년들 취업과 연계한 산업형 평생학습도시 지정을 위한 계획을 세웠다. 서울에 있는 김 교수께 연구용역을 부탁하여 계획서에 특별히 청년 취업학교를 성사하고자 하였으나 산단 기업의 비협조로 무산되고 말았다. 하는 수 없이 연구원들에게 한 쪽 정도의 청년 취업학교의 필요성을 넣어서 마무리하였다. 산업형 평생학습도시를 교육인적자원부로부터 2006년도에 지정받았으나 청년 취업학교 설립에 대한 과제를 남겨두게 되었다. 그리고 다른 부서로 배치받아 떠나 있었다. 민선 4기가 시작되면서 다시 청년 취업학교 설립에 대한 필요성이 대두되면서 담당 팀장으로 발령을 받아 본격적인 추진을 하였다.

산단의 대기업과 중견기업들의 총무 인사팀장 간담회를 하였으나 부정적인 반응과 함께 참여하지 않았다. 협조를 얻기 위하여 개별 업체를 방문하여 총무팀장과 공장장들을 만나 설득하였다. 어떻게 해야만 지역 청년들이 취업할 수 있는지, 어떻게 해야 받아들일 수가 있는지를 상담 겸 조언을 받으며 모집에 따른 합격 기준의 정보를 얻게 되었다. 이에 따라 기업의 맞춤형 커리큘럼과 모집 요강을 면밀하게 계획을 수립하였다. 그리고 모집 요강, 교육과정 등을 다시 기업에 소개하고 협조를 얻어 1년여의 힘든 노력의 결과로 2009년 제1기 테크니션스쿨을 개교하게 되었다. 8대1의 경쟁률을 통과한 서른 명 교육생이 6개월 인성교육과 기술교육을 수료하는 과정이었다. 1기가 수료하기도 전에 대기업에서 교육생들을 탐내기 시작하더니 졸업식 이전에 100% 취업을 하였다.

사실 개교 전부터 많은 관심도 있었지만, 편법으로 입학하고자 하는 많은 시도가 있었지만, 담당 팀장으로서 모든 것을 극복하였다. 다시 2기 모집에 들어갔는데 민선 5기가 되면서 리더십이 바뀌었다. 모집 절차를 어겨 몇 명을 입학시키려는 윗선의 압력이 반복적으로 가해졌으나 거절하고 원칙에 따라 2기 입학식을 마쳤다. 국가산단 기업과의 유능한 취업생 양성의 신뢰와 공정성의 약속을 지키고자 하는 나의 소신을 지키려다 결국, 민선 5기 첫 번째 인사에서 불공정하게 인사 불이익을 받게 되었다.

인사 발령이 난 부서는 기피 부서인데 능력과 문제성이 있다고 판단되는 팀장들 다섯 명을 무보직 발령으로 배치하였다. 그들 중에 나도 포함되어 있었다. 내가 떠난 뒤 그 부서는 취업학교 시책이 청와대와 행안부 대표 시책으로 평가를 받아 표창과 해외 시찰 등의 영광을 누렸으나, 공정한 행정행위에 대한 결과는 소인배 리더의 처사로 인사상의 불이익으로 상처를 받게 되었다.

스쿨은 올해 16기 교육생이 모집이 있었다. 그동안 도시의 청년 500여 명이 산단 대기업에 취업하였다. 그들은 10년 전후로 억대 연봉을 받게 된다. 언제나 나를 아는 사람들은 이 테크니션스쿨의 기획, 설치, 운영에 대한 역할을 기억한다.

세월은 2막의 무대가 닫힌다는 때를 알려주더니, 이제 그 많았던 작은 무대를 지나 내려가야 하는 해가 올해이다. 기회 앞에 불평등한 매운맛을 보았고, 과정이 불공정한 조직의 쓴맛을 경험했으며, 결과는 정의롭지 않다는 세상의 모습도 보았다.

하지만 무대에서 얻은 것은 더 많다. 가족이다. 그것이 성공인 것을 안다. 가족의 성공은 세상의 어떤 성공보다 우선한다. 무대에 오를 때 부모님의 격려가 긴 세월을 채우는 데 힘이 되었다. 그리고 매일 하나님의 사랑을 풍족히 경험하는 책인《예수 그리스도의 또 하나의 성역》을 읽고, 연구하며 진리의 지식에 이르고 성역이 큰 힘이 되었다.

이제 아내와 자녀들 그리고 손주들의 위로를 받으며 불 꺼진 무대를 내려왔다. 아직도 무대에서 더 할 수 있는 열정과 경륜이 있지만 인생의 3막으로 빠른 이동을 준비해야 한다. 나를 기다리는, 가보지 못한 무대에 황금색 조명의 불을 켜리라. (2024)

동장의 현충일

　6월 6일 오늘은 현충일이다. 6월은 의병의 날(1), 현충일(6), 민주항쟁 기념일(10), 6·25 전쟁기념일(25)이 있는 호국보훈의 달이다. 내가 삼일동장으로 부임하여 도시의 역사적 고향인 삼일동 지역의 문헌과 유적을 살펴보았다. 기원전 청동기 지석묘와 비파형 청동검이 많이 출토된 곳이다. 고려 평장사를 지낸 충신 고산 공은 선생의 무덤과 사당이 있다. 도시의 주산인 영취산이 있고 고려시대 세워진 흥국사가 있다. 조선 초 도시에 유일한 진례만호가 있었던 낙포가 있는 곳이다. 조선시대 순천부가 영취산에 김총 장군을 성황신으로 모시고 해마다 제사를 지내는 지역이다.

　현대에 들어와서는 도시의 22개 읍면동 지역 중 삼일동이 가장 큰 면적을 갖고 있다. 10개의 법정동 중 7개 동은 여수국가산업단지가 입지하고 있고 시민이 거주하는 곳은 3개 동 지역이다. 전남 지역에서 가장 많은 매출액을 내는 국가산업단지의 동이다. 인물들을 살펴보면서 유승운 선생을 찾게 되었다. 시민들이 잘 기억하지 못하는 분이었다. 산단 개발로 다른 지역으로 후손이 이주한 후 삼일동에서는 잊힌 상태였다.

근무지인 삼일동 동사무소 옆에 상암초등학교가 있다. 1934년 4월 1일 개교한 학교로 여수에서 가장 높은 산인 영취산 정기가 서려 있는 학교이고 독립유공자 유승운 선생이 근무했던 학교이다. 현재 학생 수가 60여 명이다. 넓은 운동장과 학교 뒤편으로 영취산 진례봉과 시루봉이 아름답게 한눈에 들어온다.

독립유공자이신 유승운(兪奉承) 선생은 1901년 경남 남해군 설천면에서 출생하였다. 자는 봉승(琫承). 호는 정헌(靜軒). 본관은 진주(晋州). 대사성공(大司成公) 지택(之澤)의 후손이며, 가선(嘉善) 자형(子馨)의 아들이다. 유 선생은 1919년 4월 3일·4일에 걸쳐 남해읍 일대의 독립 만세운동을 주동하였다. 이곳의 독립 만세운동은 설천면 문의리(雪川面文義里)에 사는 이예모(李禮模)가 4월 2일 하동(河東)에서 독립선언서를 구해서 귀향하여, 정순조(鄭順祚)·정학순(鄭學淳)·정몽호(鄭夢虎)·윤주순(尹柱舜) 등과 만나면서부터 계획되었다.

그들은 4월 3일을 거사일로 결정하고 인근 동리에 이 계획을 알리었다. 이때 그도 이 계획에 적극 찬성하여 오후 3시경, 많은 군중과 함께 남양리(南陽里) 노상에서 태극기를 선두로 독립 만세를 외치며 남해읍을 향하여 시위행진 하였다.

시위대열이 고현면(古縣面)에 이르렀을 때, 면장 김치관(金致寬)이 많은 시위군중의 위세에 놀라, 이 사실을 경찰주재소에 밀고하였다. 날이 어두워지고 김치관이 밀고한 사실도 안 시위군중은 명일의 남해읍 장날을 이용하여 다시 만세 시위를 전개하기로 약속하고 일단 해산하였다.

4월 4일 아침 일찍, 그는 장꾼으로 가장하여 남해읍 장터로 나아갔다. 장꾼이 1천여 명으로 늘어난 오후 3시경, 전날의 만세 시위에 참여했던 시위군중은 약속된 신호에 따라 가슴에 숨겨 온 태극기를 꺼내 들고 일제히 독립 만세를 외쳤다. 시위군중은 군청·우체국·학교·주재소에 뛰어들어 관리들을 끌어내어 독립 만세를 외치게 하고, 경찰 간부의 모자와 대검을 빼앗아 내동댕이쳤다.

주재소의 경찰들이 어쩔 줄 몰라 하자, 김치관은 다시 경찰 경비 전화를 이용하여 사천(泗川)경찰서에 응원 요청을 하였다. 그는 이 사실도 모르고 날이 저물어 자진해산 하려 하다가, 김치관의 이 같은 소행을 알고는 고현면 이어리(伊扵里)에 있는 김치관의 집을 습격하여 파괴한 후 해산하였다. 그러나 그 후 일제의 검속으로 체포

되었으며, 이해 8월 7일 부산(釜山)지방법원 진주(晋州)지청에서 소위 소요 및 보안법 위반 혐의로 징역 2년 형을 받고 옥고를 치렀다.

풀려난 후 왜경의 감시와 압박을 견딜 수 없어 1923년 여천군 삼일읍 낙포리로 이거하여 은거 생활을 하면서 사설강습소를 운영했으나 그나마도 5년 만에 폐쇄되고 말았다.

해방을 맞은 선생은 상암초등학교에서 11년간을 근속하였다. 유 선생님은 학교에서 아이들을 가르치는 중에도 고문 후유증으로 매우 힘들었다고 한다. 복역 당시 고문으로 얻은 좌골신경통의 재발과 합병증으로 1957년 향년 56세를 일기로 별세했다.

선생의 향리 남해읍에는 3·1 운동 기념비가 세워져 있으며 1977년 국가 독립유공자로 선정되어 대통령표창이 추서됐다. 정부는 1990년 건국훈장 애족장을 추서하였다. 선생은 1923년 이후 삼일 읍에 이주 후 1957년 돌아가실 때까지 여수 상일읍에서 사셨다. 선생의 자손들은 삼일동 낙포에 공업단지가 조성됨에 따라 소라 덕양으로 이거 했다.

도시와 삼일초등학교에 기념비가 없었다. 지역 유지들과 돌아오는 현충일에는 유 선생 기념비를 운동장 한편에 세우고 태극기대를 높이 설치하자고 협의하였다. 엄숙한 하루다. 마음에 뜨거움을 느낀다. (2020.6)

삼일동을 떠나며

나는 전국 지방사무관 교육에 입소하여 500여 명의 입소생 수료에서 99.09점을 얻어 우수상을 받아서 6개월 만에 여수시 본청 산업지원과장으로 발령을 받아 삼일동장을 떠나게 되었다.
그때 남긴 인사말이다.

그리울 삼일동. 5개월 27일.
진례산(영취산), 여수국가산업단지, 상암천, 흥국사, 도솔암, 진례만호진. 신덕, 작산, 당내, 읍동, 진북, 진남, 호명(양지, 음지, 내동), 자내리, 중흥… 12개 통, 18개 경로당.

삼일동자치위원회, 삼일동지역발전협의회, 삼일동통장단, 삼일동새마을지회, 삼일동청년회, 삼일동 체육회, 삼일동자율방범대, 삼일동주민협의체, 삼일동노인회, 삼일중대장, 영취산진달래축제보존회.

장길수, 서인권, 서원평, 서길수, 홍중철, 김종배, 김종주, 서석종, 이영빈, 우동식, 오재환, 김종우, 강정희, 이찬기, 주종섭, 이선효, 정경철, 김경남, 류영자, 장종익, 명선, 김경남, 김운규, 장완, 김원곤, 홍근중, 홍근우, 박혜숙, 천명균, 천병로, 김강호, 김동호, 김정민. 지도자들.

박민수, 김승자, 김래근, 이경식, 박정하, 장미랑, 강병욱, 유제나, 우세희, 김현미, 홍애경, 김성민. 동료 직원들.

고산 공은, 이대립, 김봉우(남은), 유봉승. 흥국사 명성 스님.

샘터식당, 고향국밥, 상암복집, 반점, 백도식당, 대덕농원, 소치자연횟집, 옷바구식당, 동태집식당, 매월농원, 영취산식당.

여수시에서 가장 넓은 삼일동, 여수 역사의 고향 삼일동, 한국 산업의 중심 삼일동. 예향의 동네 삼일동(서예가 보편화).

정이 많으시고 좋으신 사람들! 항상 그리울 사람들!
고맙고 감사와 기쁨을 주는 사람들!
감사합니다. 삼일동. 삼일동민 여러분. 안녕히 계십시오.

2020. 7. 여수시 삼일동장 김태완.

지선을 기억하며

　지역을 위한 공직 생활이 34년째이다. 1995년 민선 시대로 전환하면서 얼마나 큰 기대로 손뼉을 쳤는지 모른다. 그러나 처음엔 기대보다는 우려가 컸었다. 첫 군수는 뇌물을 받아 그만두게 되었다. 그는 개인적으로 친분이 있는 분으로 결혼 주례로 축복하여 주신 분이었다. 전국을 떠들썩하게 한 시프린스호 좌초로 남면 일원의 바다가 온통 기름으로 뒤범벅이 되어 수습하는 과정에서 지역 국회의원과 군수가 활동비로 받아서 둘 다 물러난 것이다. 그 후유증과 부정적 여파는 매우 컸다. 그 기업은 폐업하였고 사고를 낸 모기업인 대 기업은 지역의 선출직 공무원인 국회의원과 군수까지 희생시킨 것이다.

보궐선거에 당선된 젊은 군수는 혁신적이지 않았다. 오직 선거를 위한 행보를 보였다. 그는 결국 무소속으로 시장, 국회의원 등 가문의 영광을 이루었다. 그분의 부친은 경찰서장 출신으로 국회의원을 꿈꿨으나 낙선하고 생을 마감했는데 아들이 그 조직을 활용하여 국회부의장을 마지막으로 정계를 떠나 있다. 개인적으로도 인연이 있다. 당시 군에서 계약직 공무원들의 부정부패 사건이 터져서 부군수, 과장, 계장, 주무관이 모두 옷을 벗고 일부는 교도소를 가는 일이 발생하였다. 간부회의에서 이 사태를 수습할 주무관으로 추천된 나는 모든 것을 마무리하였다. 그 과정에서 나에게도 원칙이 있었다. 항상 그랬듯이 뇌물을 받지 않는다는 것과 법령에 따라 계약 업무를 처리한다는 원칙이었다. 과장과 계장에게도 그것을 강조하고 권유하였다. 그러나 민선 시대에 인사권과 주민이 선출했다는 권력은 무소불위였다. 무엇이든지 지시하면 따라야 하는 공직 구조였다. 계약 업무에서도 벗어날 수 없었다. 나는 위 두 원칙에 따라 부정부패가 일어나지 않도록 업무를 주도적으로 처리하였다. 보통 저녁 11시 퇴근을 하였고 바쁠 때는 새벽 3시까지 일을 하였다. 이 과정에서 군수의 지시가 법령과 맞지 않아 거부를 하였다. 3개 시군이 통합되었는데 인사 조처가 보복으로 다가왔다. 이에 반발해서 집을 찾아가 따졌다. 그런데 그분이 무소속으로 다시 통합 시장이 된 것이다. 임기 4년 동안 나는 한직으로 떠돌았지만, 그곳에서도 성과를 내고 결국 그 분야에서 전문성을 키웠다. 이

시기를 돌아보며 왜 정직한 자들이 힘들게 살아가고 부정한 자들이 승승장구하며 살아가는지를 생각하면 세상이 기회는 평등하고 과정은 공정과 결과는 정의롭지도 않다는 것을 뼈저리게 느끼며 배웠던 시기이다.

이어서 지역을 잘 아는 분이 시장이 되었다. 당시 지역을 독점하고 있던 그 당은 지역에서 가장 많은 세금을 납부하던 자를 공천하였으나 그 과정에서 뒷거래 여론이 들리면서 공천을 반납하였다. 그 반사이익으로 이분이 공천받아 당선되었다. 당당하고 철학이 있었지만, 조직을 관리하는 경험 부재로 공직사회와 정면으로 부딪쳤다. 원칙 없는 인사로 공무원노조와 많은 갈등을 하였고 매우 계산적인 정치인이었다. 결국 그는 다음에 공천받지 못하고 무소속으로 출마하여 낙선하였다. 하지만 그 사람 다음에 후임 시장의 부정부패로 문제가 쟁점이 되자 "침몰하는 도시를 구하자." 캐치프레이즈로 무소속 당선증을 받았다. 학습과 경험을 통해 이때는 박람회와 도시발전에 큰 역할을 하였다.

도시를 가장 크게 변혁의 기틀을 세우고 현재의 도시가 있게 한 다음 시장은 10년이 넘는 뇌물 형기로 아직 영어의 몸으로 격리되어 있다. 그는 평생 공직자로 살아와서 행정의 달인이었다. 도시가 성장하고 발전하는 기반을 확고히 한 시장으로 시민 누구도 부정하지 않는다. 이순신 광장, 경도 개발, 여수 밤바다, 박람회 기반 등 지금의 여수가 있도록 그는 모든 것을 하였다. 그러나 일당 독점 정치의 세계는 부정부패에서 벗어나지 못했다. 인근 도시 순천은 민선시장 한 분 외에는 모두가 교도소를 가는 불명예의 민선 시대였다. 이러한 결과로 전임 시장이 무소속으로 당선되어 박람회를 치르게 되었다. 그 역시 2선을 한 시장이었지만 독선과 아집으로 공무원 인사로 새로운 사람에게 시장을 물려준다.

다음 시장은 검사 출신으로 행정을 잘 모르는 사람이었다. 역시 공무원 인사를 적재적소가 아닌 검사 조직문화의 적재적인으로 질서를 무너뜨리고 학연을 이용하고 무소불위의 권력을 행사하였다. 지역 언론은 침묵했고 그 누구도 대항할 수 없었다. 임기 말에 대형 악재 소위 상포지구 사건이 발생하였다. 행정상으로 있을 수가 없는 권력형 비리였다. 결국 그는 공천받지 못하고 물러나고 경찰 출신이 공천받게 된다. 그러나 그는 검사 출신으로 살아남아 2년 후에 국회의원으로 당선된다.

다음 시장은 당 공천을 받은 경찰 출신을 누르고 무소속으로 행정가 출신이 당선된다. 많은 기대로 도시의 성장과 경제가 발전하기를 기대했던 시민의 기대에 못 미쳤다. 그는 재임 중 당에 입당하여 연임 시장이 되고자 하였으나 경선에서 떨어지고 말았다.

2022년 5월 2주간의 지선이 시작되었다. 금일 27일과 28일 사전 투표다. 6월 1일 본 투표일이다. 당 후보인 두 명과 무소속 두 명으로 네 명이 경함을 벌이고 있다. 내 경험으로 보았을 때 함량 미달이다. 지역으로 봐서 매우 안타까운 현상이고 걱정되는 일이다. 도시는 비전이 부족하다. 목표와 지표도 없다. 전략도 없으면서 세부적인 공약만 있다. 이들은 시민을 사랑하고 있는 것일까? 이들은 4년이 얼마나 짧은지 알고 있을까? 결국 결과를 시민의 수준으로 봐야 하겠지만 그보다도 정치 협잡꾼들의 여론 조성이 시민 여론인 것처럼 여론이 왜곡되고 있다. 무지한 자들이 도시를 망치고 있다. 권력과 이익에 눈먼 자들이 세상이 펼쳐진 이래 그렇게 해왔다. 집단지성이 필요하지만, 어둠은 그것을 통하여 인간을 속박하고 속이고 있다. 권력은 봉사자에게는 보이나 이익을 추구하는 자에게는 독이 된다. 그러나 많은 시민이 타락하여 눈뜬장님이 되어 있는 것을 어떡하리. (2022.5)

경제일자리과 퇴임 인사

여수시 경제일자리과 동료 직원 여러분께

정년 퇴임하면서 여러분께 끝으로 인사를 드립니다.

김경석 팀장님, 권미선 팀장님, 홍숙자 팀장님, 정정희 팀장님, 김종국 팀장님, 이미영 팀장님.

박지애 주무관님, 문소희 주무관님, 김태이 주무관님, 한대혁 주무관님, 주예진 주무관님, 김은경 주무관님. 김지원 주무관님, 배병찬 주무관님, 한영미 주무관님, 전민경 주무관님. 박수진 주무관님, 최연우 주무관님, 천혜원 주무관님, 서민지 주무관님, 이주현 주무관님, 김세훈 주무관님, 양채원 주무관님, 김소연 주무관님, 정다운 주무관님, 이도겸 주무관님, 김연태 주무관님, 임은재 주무관님, 정상훈 주무관님, 김지예 주무관님, 함께 근무하는 동안 여러모로 아주 감사했습니다. 감사하고 감사했습니다.

여러분 한 분 한 분은 너무나 소중한 분들이었습니다.
뛰어난 능력과 높은 역량의 공직자로서 여수시와 여수시민을 많이 사랑하는 공직자임을 보았습니다. 자신에 대한 사랑, 즉 높은 자존감으로 용기와 긍정적인 마음으로 살아간다면 그리고 끝까지 견디면 행복한 삶을 영위할 것입니다.
여러분의 생활과 삶에 하늘과 현세적 영광들이 많이 임하기를 기원합니다. 부족함이 많은 김 과장에게 서운함이 있더라도 넓은 마음으로 양해와 함께 용서하여 주시기를 바랍니다.
매일 매일 인내와 오래 참음으로 열정과 연구로 직장에서도 좋은 결실을 보기를 기원합니다.
아시죠,
세상은 기회가 불평등한 양념과
      과정이 불공정한 양념이
           결과도 정의롭지 못한 양념투성이라는 것을
떠나면서 이 모든 것을 극복하는 비밀 열쇠의 번호를 알려드릴게요.
그 비밀 열쇠의 번호는 "탁월한 사람"이 되는 것입니다.

이 열쇠를 갖기 위해서는 신앙(신념이라고도 함)을 갖는 것입니다.

"사람들은 이 세상에 오기 전에 하늘 어느 곳에서 세상과 같은 모형에서 영체로 존재했습니다.

남자는 그때도 남자였고, 여자는 그때도 여자였습니다. 그곳에서 각 사람은 근면과 노력으로 성장과 발전이 있었습니다. 그리고 어떤 계획에 따라 이 지상에 부모로부터 영체에 육체를 둘러쓰고 태어났습니다. 지금 여러분의 지금 모습이 위에서 말한 사실에 따른 존재입니다."

탁월한 사람이 되기 위해서는 목표와 목적을 확고히 가져야 합니다. 그리고 모두에게 똑같이 주어지는 24시간의 하루를 어디에 쏟느냐의 결과에 따라 열매를 맺습니다.

공직에서 성공하기 위한 기본은 전문가, 정책전문가가 되는 것입니다. 대학, 대학원(석사, 박사), 또는 기술사 등을 갖는 게 아주 좋습니다. 그리고 외국어를 구사하는 능력도요. 하지만 이것이 인생의 완전한 행복의 요건은 아닙니다. 공직자로 사는 30~40년을 위한 것입니다.

성공한 사람이 되기 위해서는 평생을 위해서는 위와 같은 방법으로 이 목표를 기억하십시오.

세상 80억 사람 중에서 가장 좋은 남편, 가장 좋은 아내, 가장 좋은 아빠, 가장 좋은 엄마가 되는 것입니다. 그냥 좋은 이 아인 가장 좋은지를 염두에 두십시오.

많이 명상하고 마음속에 들려오는 많은 생각 중에 선하고 이웃에게 덕이 되는 것을 선택한다면 모든 것을 이룰 수 있을 것입니다.
너무 말이 길었습니다.
감사했습니다. 안녕히 계십시오.

2024. 12. 경제일자리과장 김태완 드림.

기다려

춘배는 2019년 11월생이다. 2020년 1월 분양을 받아 집으로 왔다. 원래 이름은 시바 탄으로 부르다가 큰아들이 봄에 왔다고 춘배로 부르자고 하여 다시 시바 춘배 탄으로 불렀으나 결국 춘배로 불리게 되었다. 강아지를 좋아한 나는 결혼 후 직장동료가 분양한 치와와를 키웠다. 짖는 수준이 공포에 가까웠다. 아파트에서 이웃에게 민폐를 주기 싫어서 1년여 생활한 후 다른 동료에게 파양했다.

5년 후 주택으로 이사 가게 되어 작은 강아지를 키우다 초등학생 막내아들이 진돗개를 원해서 진도까지 가서 한 마리를 사들여 키웠는데 역시 이웃에게 민폐가 되어 2년이 못 되어 마당이 있는 지인에게 분양을 보내야만 했다. 이제는 아내의 순서였다. 아내가 좋아하는 포메라니안을 키웠다. 1년이 지난 후 무엇을 잘못 먹었는지 아파서 병원에 다녔지만 끝내 우리 곁을 떠났다. 다시 애완견 선택을 위한 가족회의에서 큰아들의 제안으로 시바 종을 사들이기로 결정되어 분양 후 즐겁게 훈련도 하고 놀아주며 성종이 되어 현재 가족과 함께 생활하고 있다. 30년 동안 자녀와 가족의 반려견 이야기이다.

　반려견과의 인연은 50년이 더 되는 것 같다. 어린 시절 고향 집 마당에는 강아지와 닭과 병아리가 노니는 조용하고 한가한 여름날의 추억이 있다. 초등학교 입학하기 전부터 집에서 기르던 해피라고 부르던 개가 있었다. 큰 개는 나를 등에 태우고 달리기도 하고 친구 이상의 반려견이었다. 논두렁과 밭이 있는 들녘을 함께 달리고 농사일하는 부모 곁에서 함께하던 개였다. 영리했던 개는 삶은 고구마 껍질을 던져주면 두 발로 서면서 넙죽넙죽 받아먹었다. "앉아." 하면 큰 개는 앉았고, 개밥을 그릇에 부어주고 "기다려." 하면 한참 동안 기다리며 지시를 기다리곤 했다. 다른 친구들이 명령해도 듣지 않았고 내 말만 듣고 지시를 따랐었다. 바닷가 마을 앞 갯벌에 어머니가 조개와 어패물을 잡으러 가면 신이 나서 쏘다녀서 온통 흰 털이 갯벌로 옷 입었다. 너무나 사랑스럽고 둘도 없는 친구였다.

초등학교 1학년 초여름 학교를 마치고 신난 나는 해피와 놀기 위해 집 가까이 와서 해피를 부르며 한걸음에 집에 도착하였다. 해피는 없었다. 부모님도 안 계셨다. 들에 해피를 데리고 가셨는가 보다 하고 쉬고 있는데 엄마가 농산물을 머리에 이고서 들어왔다. 해피는 없었다. 엄마에게 "해피 보셨어요?" 하고 물었다. 아무 말이 없었다. 불안한 마음이 들었다. 지난해 이웃 친구네 집 개가 이맘때 보신탕용으로 개장수에게 팔았다는 이야기가 불현듯 생각이 났기 때문이다. 엄마에게 다시 물었다.

"해피는요?" "엄마 해피~" "해피~"

방으로 울면서 들어간 나는 저녁 늦게 돌아온 아버지가 곧 예쁜 강아지를 데려온다는 설득에 넘어가고 말았다. 살아온 날 동안 만남을 가졌던 많은 반려견을 생각하면 "해피"와의 추억이 전부인 듯하다. "앉아." 하면 혀를 내밀며 나와 눈을 맞추던 친구, "기다려." 하면 바보처럼 많은 시간이 지나도 엎드려 기다리던 친구 그러한 친구는 없었다. 나의 자녀들은 갑자기 죽은 포메라니안을 가장 많은 추억의 이야기를 하곤 한다.

2년 전 큰딸이 결혼하여 첫 손주를 보게 되었는데 외손녀를 얻었다. 손녀는 그늘이 없는 밝은 아이이다. 양가 조부모와 부모의 사랑으로 자라다 보니 주도적이고 자기 생각을 표현하는 데 자연스럽다. 이제 태어난 지 2년이 지났다. 노래를 좋아하고 춤추는 재능도 있다. 모든 사물에 관심이 많다. 성가시지 않고 평안한 아이이다. 책 읽어주는 것도 좋아한다. 어린이집에서도 적응 잘하고 다른 아이를 배려한단다. 외가에 매주 토요일에 와서 하룻밤을 자고 교회에 참석한 후 집으로 돌아간다.

손녀가 걷기 시작하면서 춘배에게 관심을 보이던 어느 날 대문을 열고 들어오면서 "기다려." "기다려." 소리를 지르며 손을 뻗어 손바닥을 아래로 향한다. 할아버지, 삼촌이 하는 모습을 유심히 보고 배운 것이다. 춘배도 손녀가 오면 반가워한다. 손녀가 사료를 주면서 "기다려." 소리를 반복해도 너무 좋아하며 춘배가 손녀에게 웃는 모습으로 두 귀를 숙이며 반가움을 표시한다. 매주 대문을 열고 집에 들어서면 큰 소리로 "기다려." "기다려."를 반복한다. 사료를 주지만 던질 줄 모르는 사료는 춘배에게 미치지 않아 도움이 필요해서 내가 춘배에게 사료를 던져주면 받아먹는데 손녀는 손뼉 치고 소리를 지르며 좋아한다.

어느 날 가족 카톡 방에 어린이집 친구들 다섯 명과 벤치에 앉아 있는 손녀 사진이 올라와 있었다. 그리고 그 앞에 낯선 강아지 한 마리가 앉아 있는 것이다. 어찌 된 것인지 알아보니 아내가 말해준다. 현장 체험 활동 중에 한 시민이 강아지 줄을 잡고 산책 나와 지나가고 있었다고 한다. 그런데 갑자기 손녀가 "기다려." "기다려." "앉아."를 큰 소리로 말하자. 그 강아지가 벤치 앞에서 앉는 것이었다. 선생님이 너무 귀여워 사진을 촬영했다고 한다. 외갓집 올 때마다 사료를 주며 "앉아." "기다려."를 경험한 손녀가 체험 활동 중에 지나가는 다른 강아지를 앉게 한 것이다.

    손녀는 영특한 아이다. 사랑도 알고 동물과 식물에 사료도 주고 물도 줄 줄 아는 아이다. 오늘도 토요일 저녁에 집에서 함께 지내고 있다. 삼촌과 이모에게 사랑도 받고 사랑을 표현한다. 춘배는 사료를 받아먹기 전에 앉아야 하고 "기다려." 소리를 들어야 한다. 아직 의사 표현을 모두 할 수 없고 단순한 말만 한다. 엄마, 아빠, 싫어, 아니야, 배고파, 아파, 똥, 기다려 등이다. 어제는 교회 마당에서 달려오다 넘어졌다.

    무릎에 상처가 났다. "아파, 아파." 소리를 반복해 말했다. 약을 발라주자 아프지만 다시 놀기 시작했다. 외갓집 대문으로 들어서자, 춘배에게 "기다려." "기다려."를 연거푸 큰 소리로 말한다. 춘배는 변함없이 다소곳하게 앉아 기다린다.

    손녀와 춘배의 다정함을 보고 있노라면, 50년 전 친구 해피가 "기다려." 하고 나면 내가 돌아올 때까지 엎드려 기다리던 그 모습이 춘배와 겹치면서 다시 그리워진다. (2022.5)

명절 일직

 직장생활 33년 동안 당직 근무를 하면 시시비비가 엇갈린다. 오늘은 일직이다. 토요일 휴무일이라 9시에 출근하여 오후 6시에 퇴근을 한다. 지자체라 읍면동의 모든 전화번호가 당직실로 연결되어 민원 전화가 폭주한다. 코로나 검사 장소 문의, 관광지를 가려고 기다리는데 버스가 오지 않는다는 항의, 수돗물이 나오지 않는다는 문의, 동파되어 도로에 물이 솟구친다는 민원, 산단 공장 굴뚝에서 불꽃이 솟아오른다는 환경 민원, 길거리 부랑인이 누워 있다는 민원, 당직실로 찾아와 고향에 가야 하는데 교통비가 없다고 도와달라는 민원, 택시에 핸드백을 두고 내렸다는 다급한 민원, 오전부터 계속된 민원 처리가 점심 식사 중에 전화 받기를 십여 차례로 직급 낮은 동료가 음식이 소화되는지 모르겠다.

일직 근무는 재난상황실에 두 명이 근무하고 당직실에는 세 명이 근무한다. 오랜 관행으로 남직원들만 근무하였으나 여직원들이 전체 직원의 절반을 차지하면서 재난상황실에 배치되어 근무하게 되었다. 재난도 만만치가 않다. 어선 사고, 공장 화재와 폭발 사고, 가스 누출 사고, 교통사고, 주택 화재 사고 등 소방서와 경찰서가 함께 대처하고 대응하게 된다. 평일 담당업무보다 더 신경이 쓰이고 피곤한 하루가 된다. 젊은 시절에는 산불 민원이 가장 두려웠다. 그 시기는 관행적으로 산불이 발생하면 거의 전 직원에게 비상소집 연락을 일일이 하였다. 참석지 않으면 신상에 불이익을 받을 수 있어서 연락을 받지 못하면 당직자의 책임이 따랐다. 산불은 완전히 진압되기까지 직원들이 마무리 정리까지 해야 했다. 당직실은 위치를 정확히 모르는 직원들의 문의 전화와 지나가는 시민들의 산불 신고 전화로 정신이 혼미할 지경까지 힘든 상황에 이른다. 밤이 새도록 진압되지 않을 때는 당직실 근무자는 잠시 잠도 자지 못하고 꼬박 밤을 새운다. 요즘에 근무하는 직원들은 상상도 못 하는 일이다.

잊히지 않는 일 중 하나는 밤새도록 당직실에 찾아와 행패를 부리는 취객 민원이다. 시민이라 경찰서에 넘기기도 안쓰러워서 설득하고 설득하여 집에까지 택시 태워 보내는 경우가 많다. 또 다른 사례 중 부당함으로 마음 상한 일은 시정에 여러 가지 질문을 하고

서 이름을 묻고 계속 꼬투리를 잡아서 상급 기관에 전화 민원을 넣는 상습적인 사람들도 있다. 그들은 다른 지역에 거주하면서 무작위로 지자체에 전화를 걸어서 말도 안 되는 민원을 말하고 시비를 건다. 언성이 높아지든지 친절하지 못한 말을 하였을 때 협박성 말과 폭언을 하면서 복잡하게 만들어 가고 밤새도록 빗발치는 전화로 거의 밤을 새우게 한다. 이러한 민원이 걸리지 않기를 바라는 직원들의 소망은 인수인계할 때 인사가 된다.

오늘도 일직은 큰 사고나 힘든 일 없이 마무리하고 퇴근 준비를 한다. 설 연휴 5일 중 첫날 근무라 다행이다. 그러면서도 한편의 생각으로는 당직을 할 수 있는 시기가 행복하다. 3년 후 퇴직을 하게 된다면 많이 그리울 것 같다. 계속 울리는 세대의 전화기가 항상 당직의 추억을 떠올리는 이미지가 될 것 같다. (2021.4)

위대한 도시, 여수의 쇠퇴를 보며

여수시는 1998년 4월 여수시, 여천시와 여천군 3여가 통합되었다. 인구수와 경제 규모 등에서 전남 제일의 도시가 되었다. 그 이후 2020년 4월 인근 도시에 인구수가 추월당하였다. 국토부의 인구소멸과 쇠퇴 도시 조사 발표가 20여 년이 되었지만, 대책 마련으로 극복을 못 하고 결국 쇠락의 길로 내리막길을 빠르게 달리고 있다.

여수 역사상 20여 연간 인원수로 전남 제일의 도시가 역사적인 의미는 매우 크다. 이름 없이 존재하여 온 한반도 끝 또 다른 반도의 작은 도시 여수이다. 하지만 우리나라 역사에서 여수의 역사는 대한민국의 역사를 요약하여 볼 수 있는 부침이 심한 역사였다.

선사시대와 고대에 여수는 위대한 번영의 무역 도시였다. 유적과 유물로 보면 고조선의 제2도시가 아니었나? 라고 청동기 학자들의 주장이 있다. 더 나아가 유적과 유물로만 보았을 때 한반도에서 여수가 고조선의 수도라고 주장하는 학자도 있다. 고조선의 대표적 유물인 비파형 동검이 한반도에서 50여 개가 발굴되었는데 여수에서 15개가 발굴되었다. 30%가 여수 반도에서 발굴된 것이다. 거기에 2010년도에 43.4cm로 가장 큰 비파형 동검이 여수에서 발굴된 것이다. 고대사학자들의 흥분과 놀란 충격을 주었지만, 아직도 역사를 바로잡지는 못하고 있다. 여수 반도에는 2천여 기의 고인돌이 파악되고 있다. 삼일동, 화양면, 여천동, 미평동, 율촌면 등에 해안가를 중심으로 집중되어 있다. 호남에서 대표하는 오림동 고인돌 암각화를 보라.

　고조선의 이러한 번영의 기반 위에 삼한이 들어서기 전에 마한의 원지국이 이 지역에서 해상 무역을 중심으로 큰 번영의 읍성 국가였다. 다시 삼한의 마한 지역으로, 이어서 가야국의 네 번째의 다리 국으로, 다시 백제의 원촌현으로, 신라의 해읍현으로, 다시 후백제의 중심 지역으로 고려가 건국 후 견훤과 김총이 18년간을 후백제 지역으로 남았던 세력의 중심지였다. 이 시대를 지나면서도 그들은 고조선의 정신인 홍익인간과 재세이화의 정신 유산을 이어온 것으로 보인다. 그러한 절의의 정신은 고려국 건국 후 전남 동부권인 해룡 지역의 박영규 등 호족 세력에 장악되어 수난의 역사가 시작된다.

고려 474년 중 440년간 여수현의 감무 파견 없이 승평군의 속현이 지속된 것이다. 결국 고려국 멸망 전 47년부터 감무가 파견된 것이다. 마지막 여수 현령 오흔인과 군현 백성은 조선 건국 이성계의 역성 쿠데타에 5년간 세금도 거부하며 버틴 결과 태조 5년 정복군에 의해 여수현의 폐현과 역적의 반도로 낙인된다. 결국 조선 500년간 복현 없이 슬픈 역사를 남긴다. 그 역사 중 삼복삼파가 있다.

여수의 정신은 후백제의 김총과 군현 백성들이, 고려 말 오흔인과 군현 백성들이 보여주었다. 여수는 고조선의 정신을 이어오고 있었다. 그 결과로 고려와 조선시대 무려 1,000여 년의 역사 동안 홍익인간과 재세이화의 정신은 핍박과 수난의 역사를 이어오게 된 것이다.

조선시대 삼복 삼 파는 500년 동안 여수의 지사들이 세 번의 여수현을 복현 하였으나 동부권 호족 세력이 비겁하고 이익 추구를 위한 작당으로 짓밟고 말았다. 고려와 조선의 어둠의 역사가 이 절의의 고장 여수 반도를 배신과 불의로 지배하였던 것이다.

조선의 멸망과 함께 아이러니하게도 여수는 일제 강점기 때 새로운 번영을 맞이하게 된다. 한양과 연결되는 기차길 전라선 시발역이 되어 일본 시모노세키까지 연결되는 해상로가 생기면서 다시 무역 도시가 된 것이다. 해안의 간척사업이 시작되면서 고흥군과 남해군민들이 여수에 몰려왔다. 거문도와 여수에 일본 수산인이 이주하면서 수산업이 발전하였다. 수산학교가 설립되고 전남 동부권의 무역과 교통, 유통, 물류 등 경제와 산업의 중심도시가 된 것이다. 일본과 여객선이 운항하면서 개화가 빨랐고 유학을 많이 갔다. 여수항과 전라선 시발역, 수산업, 무역은 여수 번영의 기반이었다.

   1945년 8월15일 해방이 되었다. 자주적인 힘에 의해서가 아닌 미국의 주도하인 제국의 힘에 된 것이다. 그 후유증은 매우 컸다. 다시 조선으로 복구되지 않았다. 해방정국과 정부수립 시기의 3년은 여수의 정신인 고조선의 민족정신이 살아 움직이고 있었다. 개화된 시민들의 마음은 완전한 독립된 민족국가를 세워 망국의 한을 풀고 홍익인간의 정신 유산 위에 통일된 민족의 국가를 세우는 꿈을 이룬 시기가 되었다고 인식했을 것이다. 또다시 여수는 민족정신과 절의의 시민정신이 무참히 짓밟히는 1948년 10월 19일 여순사건, 즉 여순항쟁이 발생하였다. 수많은 시민이 학살당했다. 독재자가 현대사의 악법인 국가보안법을 제정하는 이유가 되었다. 또다시는 침묵과 슬픈 역사의 현대사를 기록하며 긴 기다림의 세월 70년을 기다렸다. 결국 2021년 여순사건특별법이 제정되었고 화해의 길을 찾아 돌아온 길을 걸어야 한다.

조선시대 임진왜란과 정유재란 때 여수인은 전쟁의 승리에 이름 없이 희생한 조국을 사랑한 백성들이었다. 삼도수군통제영(전라좌수영) 본영 지역의 영민으로 무한한 희생이 강요되었다.

10년 전 여수는 위대한 역사의 옛 영화를 꿈꾸는 2012 여수세계박람회를 개최하였다. 100여 개국이 참여하는 3개월간의 국제행사였다. 위대한 여수시민의 면모를 과감하게 보여주었다. 800만 명이 방문하였다. 그 행사 이후 여수시의 관광산업은 큰 효과로 매년 1천300만 명의 방문이 이어지고 있다. 작은 한반도 끝자락 여수반도는 그러한 도시이다.

이제 쇠퇴를 넘어 쇠락해 가는 여수를 어떻게 할까나? 어떤 여수 역사를 만들어 가야 할까나?

여수는 고조선의 민족정신 홍익인간, 재세이화를 따르는 여수정신을 이어왔다. 한민족의 수천 년의 역사 속에 여수역사를 보면 우리 민족을 볼 수 있다. 시민은 여수역사를 인식하여야 한다. 그 속에 한민족의 정신인 홍익인간과 재세이화의 정신이 여수의 정신이고 여수의 역사를 이어왔다는 것을 기억하고 여수의 성장과 발전을 위한 단합된 시민이 되어야 한다.

여수는 GRDP가 순천의 4배, 광양의 2배이다. 전남의 절반을 차지하고 있다. 인구수는 밀려도 경제 규모는 변함이 없다. 이제 다시 비전을 인식하자. 성장 비전을 2차산업(제조)과 3차산업(관광 등)의 두 축으로 잡고 나가야 한다. 또 하나는 정주 기능을 높이는 문화, 교육, 생태, 안전의 도시를 만들어 가야 한다. 공직자들의 역량을 키우고 지도자들의 도덕성과 민주 의식, 도시경영 마인드를 키워야 한다.

여수는 가장 살기 좋은 도시이다. 문화의 도시이다. 역사의 도시이다. 인문의 도시이다. 한민족의 뿌리가 되는 민족정신의 도시이다. 나라를 알고 싶은가? 여수를 공부하라. 위대한 나비반도 여수 정신을 발견하라. (2022.8)

폭풍우가 새싹을

　새벽 요란스러운 빗소리에 눈이 뜨였다. 마당 물길이 막히지 않을지 걱정이 되어 창문을 열어본다. 폭우다. 짙은 어둠 속에서 시끄러운 그 빗소리가 53년 전 큰비에 마을 뒤 산사태 전 아슬하게 가족을 대피시켜 생명을 잇게 한 아버지, 어머니 생각이 떠올랐다. 마당에 가득 찬 물 높이가 너무 깊어 대문으로 나갈 수가 없었다. 대문 밖 마을길은 계곡처럼 물이 달리고 있었다. 누나, 나, 여동생은 옆집 담을 넘어 높은 지대의 친척 집으로 피신을 갔다. 몸만 빠져나온 것이다. 잠시 후 포탄이 폭발하는 소리 같은 쿵 소리와 함께 수만 필의 말들이 달리는 소리가 들리더니 산사태와 홍수 난리가 났다.

　날이 샜다. 초가집은 남아 있었지만, 집 벽들이 모두 허물어지고 허수아비 모양 뼈대만 남았다. 마당은 온통 흙과 돌들이 가득 쌓여 있었다. 뒷집, 아랫집 모두 기둥만 남겨지고 마을이 쑥대밭이 되었다. 노인과 어린아이가 사망하였다. 5살 어린아이였던 나는 세상이 두려움과 공포의 대상이 되었다. 그 트라우마가 부정적인 사고와 불신의 생각을 뿌렸는지 돌아본다. 지금도 그날처럼 날이 새도록 천둥번개와 낙뢰 소리에 출근을 걱정한다.

자연의 난동 앞에 두려운 시각이 왔다면 그 트라우마 뒤에 정서적 그늘은 평생 가족과 함께한 것일까? 부모님은 내 위 누나가 돌 전에 알 수 없는 병으로 병원에 다녀왔지만, 해안가 언덕에 돌담 무덤을 만들고 가슴에 묻었다. 그 일은 부모님 두 분 간의 원망으로 항상 가족사에 그늘이 되었는지 모르겠다. 이 반복되는 재해는 올해에도 서울 물난리와 경기, 강원 지역의 산사태는 매년 반복되고 있다. 인생도 그렇다고 생각한다. 한 사람의 삶이 산사태로 집을 떠나기도 하고, 홍수를 피하여 이웃에게 의탁도 한다. 사랑하는 사람의 죽음 앞에 절망의 상처를 줄 때 우리는 누구인가? 나는 왜 이 세상에 존재하는가? 죽은 뒤엔 우리는 어디로 가는가? 나는 어디에서 왔나? 라는 질문을 던지면서 사람들은 산 넘어 떠나는 바람이 어디서 오고 어디로 가는지를 알지 못하면서 사는지도 모른다.

내 생에 그러한 위기의 폭우가 몇 번 있었는지 돌아본다. 무엇보다 아버지의 병환으로 전답을 팔고 자립되지 않아 가난으로 누나와 동생들이 배움의 기회를 힘들게 잡았던 심적 고통이 컸다. 또 하나는 직장을 잡는 일이었다. 다음은 형이상학적이고 철학적인 것으로 왜 사는 것인지 삶의 목적을 이해하는 것이었다. 너무 높은 비전에 관심을 두면서도 준비해야 할 직업 진로의 목표를 방황하며 노력하지 않는 삶에 대한 깊은 밤길을 걷는 시간이 아니었나 생각한다.

얼마나 인내하고 끈기 있는 시간을 채웠는지 이순을 앞두고 돌아보면 보이지 않는 어떤 힘이 돕는 것과 깨달음의 깊이와 넓이에 감사함을 갖고 있다. 맞바람 극복 없이 목표에 이를 수 없다. 연어가 후손을 보존하는 길은 보를 넘고 곰의 앞발과 이빨을 지나야 한다. 흔들리지 않고 자란 식물이 없듯이 모든 동물처럼 인간의 성장도 도전과 벽 앞에 많은 시간을 방황하고 고뇌하는 가운데 문이 열리면 들어가야 하기 때문이다.

자식 다섯을 둔 아비로 염려가 많다. 내 인생도 힘들었지만, 자식들이 나보다는 좀 더 잘 살기를 소망하며 매일 간구하고 살아간다. 우리 부모도 6남매를 키우면서 얼마나 염려가 컸을까를 생각하면 부모님에 대한 존경스러움과 그리움이 밀려온다. 기억하는 자식이 있다는 것에 부모님이 평안하시기를 기원도 하면서 나이가 들수록 부모님들이 더 그리워진다. 사실 부모님의 큰 염려와 달리 6남매들 모두가 잘살고 성공하였다. 더구나 손주들은 더 잘살고 크게 성공하였다. 이러한 경험은 내게도 큰 위안이 된다. 폭풍우 속에서 새싹처럼 연약한 아이들이 살아나서 부모님의 후손 가족이 마흔두 명으로 늘어났다. 나의 자녀들이 살아가면서 시련과 역경으로 절망적일 때 어떤 상황에서도 포기하지 않고 인내하면서 최선의 노력과 주께 의지하면 밤이 지나 새벽이 오고 산을 오르면 반드시 정상이 나타남을 기억하였으면 좋겠다.

아내가 몇 년 전부터 대봉감 씨앗을 정원 흙밭에 심어서 싹을 틔웠으나 뿌리를 내리지 못하고 말라 죽었다. 며칠 전 거실 화분들 속에서 세 줄기가 자란 감나무 분을 보여준다. 기뻐서 어쩔 줄을 모르는데 함께 잘 키워봐야겠다. 이순이 된 이 나이에 감나무 모종을 잘 자라게 하지 못하겠는가. (2025.1)

하동계곡

    매년 더운 여름이 다가오면 피서 차 가족들이 계곡을 찾았다. 바닷가 어촌에서 생활하다 보니 바닷물에서 물놀이하다 보면 굴 껍데기에 발을 다치기도 하고 얼굴이 검게 타는 것이 싫어서 계곡을 찾게 되었다.

    가까운 장등해수욕장과 만성리해수욕장에서 자녀들과 즐거운 추억을 보낸 시기도 많았다. 아이들이 크면서 광양의 백운산 옥룡계곡을 연례행사로 찾아서 물놀이로 휴가를 마쳤다.

    계곡은 숲 내음과 물소리가 마음을 깨워서 좋다. 사방을 둘러 있는 푸른 편백나무, 소나무 숲은 향기가 계곡 깊숙이 바람 따라 흐른다. 그 향기가 계곡을 잊지 않고 찾게 하는지도 모른다.

자녀들이 성인이 되어서도 여름이 되면 계곡을 한번 다녀오기를 기대한다. 다른 일정이 있어도 다들 참여한다. 겨울 여행은 다양하게 선택지가 많아도 여름은 그렇게 계곡을 다녀오면 선비가 되는듯한 상념의 시간을 갖게 되기도 하였다. 계곡을 출발할 때 항상 가족에게 안전에 관해 이야기했었다. 물속에 바위가 있으니 뛰어들어서는 안 된다는 것과 너무 깊은 곳은 들어가지 말라고 하곤 하였다. 직장동료가 그 계곡에서 물놀이하던 중 계곡 물속에 있던 바위에 뛰어내려 머리를 부닥쳐 마비로 결국 휠체어에 몸을 맡겨야 했다. 지금도 힘들지만, 직장에서 열심히 근무하고 있다.

 올해 여름휴가는 큰딸이 둘째 아이 임신을 하였는데 안정적인 태아의 아이를 위해서 병원에서 쉬고 있어서 연례행사는 연기 중이었다. 멀리서 사는 여동생 가족들이 하동계곡의 펜션을 예약하고 광복절 연휴에 초대했다. 하동은 몇 차례 여행을 다녀온 지역이다. 어느 가을에는 북촌 코스모스 축제를 다녀왔고 어느 초여름에는 최참판댁 세트장을 두 번 갔었던 곳이다. 누님을 모시고 아내와 막내 그리고 큰손주를 태우고 출발했다.
 두 시간 만에 도착했는데 숙소 앞에 119 차량이 도착하여 있고 혼잡스러웠다. 알아보니 물에 뛰어들던 피서객이 머리를 다쳤다고 한다. 빠르게 회복되도록 간구했다. 내가 사는 도시가 연간 천만이 넘는 관광객이 찾는 대표 도시이지만 하동계곡도 수많은 차량이 도로변과 숙박업소 주차장마다 가득 차 있었다.

계곡은 깊었다. 계곡 주변 경관이 빼어나고 흐르는 물이 힘차게 바위를 휘감으면서 내리 달렸다. 더위가 말할 수 없이 힘들게 했다. 어린 손주에게 신경을 쓰느라 아내는 피서가 아니라 힘든 고행이 되고 말았다. 계곡으로 내려가는 철재 계단이 위험하고 계곡 바위와 미끄러운 작은 돌들을 지나 물가에서 발만 담가야 하는 지경이었다. 많은 피서객이 물놀이하기 좋은 자리를 잡고 있어서 이리로 저리로 손주를 데리고 옮겨 다녀야 했다.

여동생이 네 명인데 두 가족만이 왔다. 두 여동생이 오지 못해 아쉬웠다. 시댁들과 해외여행 중인 여동생과 막내는 직장 일로 참석을 못 하였다. 하지만 오빠를 불러주어서 고마울 뿐이다. 바로 손아래 여동생, 그 아래 여동생 부부가 참석했다. 두 가족은 서산에 살고 있다. 어느새 50대 후반으로 달려가고 있다. 많은 추억이 있는 동생들이다. 결혼 전 20대에 부산에서 살 때 부산 해수욕장에 함께 다녀온 추억이 생생하게 남아 있다. 어렵던 시기에 고향은 떠나 누님과 자형이 살던 부산에서 생활하던 시기였다. 자형은 5년 전에 장막 저편으로 떠났다. 조카들은 국립대학교 교수와 교사로 직장을 얻어 자형의 꿈들을 이루었다. 손아래 여동생도 두 남매가 미국에서 결혼하여 살고 있다. 손주들을 보게 되는 나이들이 되었다. 할머니 할아버지들이 된 것이다.

    계곡 주변에서 물놀이와 점심, 저녁 식사를 마치고 밤늦게 집에 도착하였다. 내가 좀 더 여유가 있었으면 하는 마음으로 다녀왔다. 부모님의 그리운 생각이 많이 떠올랐다. 살아생전에 그렇게 많은 여행과 나들이를 하지 못한 것이 안타까운 생각이 들었다. 어머님이 세상을 떠날 시기에는 나이 어린 여동생들로 인해 염려가 크셨을 것이다. 부모님이 저세상에서 걱정 안 하셔도 될 만치 다들 잘 살고 있다. 장남으로 도움을 주지 못하고 되레 도움을 받고 살고 있다. 누님, 동생 가족과 보낸 하동계곡의 한나절 휴식을 보내고 사랑하는 가족들을 더 사랑하게 되었다. (2022.8)

2부

아버지의 산상수훈(山上垂訓)

　　어느 봄날 아버지와 아들은 숲속 오솔길을 걷고 있었다. 10리 거리 밖의 이웃 마을에서 버스를 타고 시내에 가기 위해서이다. 아들은 초등학교 5학년이었다. 아들과 아버지는 대화를 자주 하지 않았다. 아들은 아버지가 무서웠고, 대화하다가 실수하면 혼날지 두려워서 생각을 말할 수가 없었다. 이날은 아들이 교실에서 키가 커서 뒷줄 자리에 앉아서 수업하는데 최근 들어 칠판 글씨가 잘 보이지 않아서 안과 병원을 가기 위해서였다. 5리쯤 걸어 오르막길 언덕을 지나 멀리 마을이 보이고 발아래로 논에 벼가 자라고 있고 돌담이 쌓여 있는 오솔길을 걷고 있었다. 주변에는 쭉쭉 키가 큰 편백나무 숲을 지나는데, 마음은 상쾌하고 기분도 좋아지면서 아버지에게 묻고 싶은 말이 떠올랐다. 아들은 아버지에게 조심스럽게 질문을 하였다.

"아빠, 아빠는 초등학교 때 공부가 재미있었어요?"

"어디 학교에 다녔어요?"

아버지가 힐끗 뒤로 쳐다보더니. 질문에 답을 이야기한다. "버스 정류장이 있는 화동마을에 화양고등공민학교가 있었단다. 면 지역에서 유일한 학교이고 초등학교와 중학교 과정인데 거기에 다녔단다." 신이 난 목소리였다. 한 번도 그와 같은 친절한 목소리는 처음이었다. 이어서 "그 학교는 일제 강점기 때 지역 주민들이 세웠단다. 화동리는 면 소재지였고 중심지였지. 사실은 면사무소와 파출소도 그 마을에 있었는데 순사들이 득세하여 주민들을 괴롭혀서 인근 마을로 쫓아서 이주시켰단다." 아주 흥미진진한 이야기를 들으면서 10리 길이 너무 가까운 생각이 들었고 아버지가 매우 친절한 분이고 아들을 아낀다고 생각하게 되었다.

그런데 공부를 잘했는지가 궁금해서 질문을 한 것인데 그 이야기는 하지 않고 역사 이야기를 계속하였다. 궁금한 질문이 듣고 싶어서 가까이 따라 걸으면서 "공부는요?"라고 다시 질문을 하였다. 아버지가 잠시 멈추어 침묵하더니 대답하였다.

"아버지는 1등을 줄곧 했단다." "네, 진짜요? 1등을 했다고요?" 아버지는 미소 지으며 자랑스럽게 "그랬지." 나는 마음속으로 '그러시면 왜 좋은 직장을 다니지 않고 시골서 농사를 짓고 우리는 가난할까?'라고 생각을 하는데 아버지가 길가 돌 위에 앉으면서 말을 이어나갔다. "아버지는 교만했단다. 지금 생각하면 많이 후회한단다. 젊은 날에는 면서기 공무원이 우습게 보이고 모든 것에 자신감이 넘쳤단다." "화양면사무소에 다니는 서 주사와 최 주사가 후배인데 공부는 아버지에게 못 미쳤던 그들이 면서기를 한다고 무시하는 생각을 하기도 했단다." "농사를 짓지 않고 차라리 면서기가 되었더라면 너희들 먹이는 것이나 교육을 하는 데 아주 좋을 것인데 잘못 생각하고 교만했단다." 아들은 다시 한번 바라보면서 아버지가 이러한 생각을 갖고 사셨구나 하고 더 들으려 하자 아버지는 일어나 서서히 걸으면서 큰아버지가 일본 유학 다녀온 후 중학교 교사를 하다가 그만둔 이야기, 둘째 큰아버지가 광주에서 학교를 마치고 언론인이 되어 그만둔 이야기를 하였다.

이어서 막내 작은아버지 이야기에서 다시 한번 강조하는 말로 "사람은 절대 교만해서는 안 된다." 아버지도 작은아버지도 교만해서 삶이 잘 풀리지 않았다고 하시면서 "너도 낮은 자리에서 올라가고 적은 돈을 받더라도 계속 모으고 성장하는 것을 기대하며 끝까지 인내하는 원칙을 가지거라. 면서기가 되면 내가 면장이라고 생각하면서 일하거라. 군청에 근무하면 내가 군수다 일하고, 시청에 근무하면 내가 시장이라고 생각하면서 일하거라." 하며 한동안 말씀을 하지 않았다. 몇 번의 숲길을 돌아 버스에 승차할 마을이 멀리 보였다. 그는 아무런 말씀이 없으신 아버지의 뒤를 버스에 승차할 때까지 힘없이 따라서 걷고 있었다.

병원에서 근시 판정을 받고 시내 중앙동 로터리 옆 안경점에서 검은 뿔테 안경을 쓰고 집에 돌아온 그는 아버지처럼 열심히 공부를 하기로 다짐했다. 중학교에 진학할 때가 되어 친구들 몇 명은 시내 중학교로 가게 되었으나 그는 인근 섬으로 중학교 진학을 하였다. 2년 선배 중에 공부를 잘하는 선배 두 명이 있었다. 그들과 친해지면서 공부하는 방법을 터득해 나갔다. 항상 겸손에 대하여 마음으로 깨달아 가고 좋은 성품의 단어들의 개념을 개인적으로 단련하고 그러한 성품을 만들어 갔다. 3년간 통학선을 타고 걸어서 2 km, 배로 $6km$를 매일 왕복하여 다녔다. 힘든 시기였지만 숲속 길 산상수훈과 같은 가르침으로 감화된 그는 현실의 모든 어려움을 이길 수 있는 용기와 희망이 마음속에 가득하였다.

고등학교 진학 시기가 되었다. 가난했던 많은 친구는 취업을 위해서 우선순위가 공업고등학교와 상업고등학교에 진학하였다. 그는 손재주가 없어서 상업고등학교에 진학하였다. 고교 진학 후 대학 진학 꿈을 시도했지만, 경제 사정으로 포기하고 말았다.

그는 대학에 다니지 못하고 군 전역 후 어떻게 살아야 할지 고뇌의 시간으로 머리카락은 자라 귀를 덮고 수염이 덥수룩해지도록 방에서 두 달째 바깥출입을 하지 않고 있었다. 부모는 아무것도 할 수 없어서 조용히 지켜만 보고 있었다. 가을 어느 날 마을 이장 신씨가 집에 들어서면서 큰 소리로 "태완이 있는가?" 하고 "잠깐 보세." 한다. 엎드려서 생각에 잠겨 있던 그는 문을 열어 "네. 이장님 뭔 일이다요." 이장은 큰소리로 "자네 공부 좀 한게. 시험 한번 봐보라고. 이번에 도청에서 공무원 시험이 있다네." 그는 "공부한 지가 오래돼서요. 군대 있으면서 3년간 책 한 번도 못 봐서요." 이장은 다시 큰 소리로 말했다. "그래도 자네는 공부 좀 했쓴께. 경험 삼아 한번 봐보소. 내가 면사무소 이장 회의하러 갔는데 시험 원서를 배부하는디. 자네 생각이 나더구먼. 여기 놔두고 가네." 그는 공무원 시험 응시 신청서를 방에 가져와 보았다. 아무리 생각해도 자신에게 가능성 없는 시험이라고 생각했다. 잠시 후 아버지가 방으로 들어서며 "바람도 쐬고 경험 삼아 신청 한번. 지성이면 감천이라고 하늘의 뜻이 있지 않겠느냐. 겸손하게 시도해 보자꾸나." 아들은 불만이 가득한 소리로 "학원 한번 안 다녔는디 된다요?" 하고 이불 속으로 들어가 버린다.

 시험을 치르고 보름 후 합격통지서가 도착하였다. 면접에 응하라는 내용이었다. 몇 개월 후 수습과 공무원교육원 수료 후 고향 면사무소로 발령을 받았다. 큰아버지의 후원으로 면장과 직원들에게 식사 대접을 하고 즐겁게 업무를 배우며 열심히 일하였다.

숲속 길에서 간절한 소망으로 자식에게 가르침을 주었던 아버지의 뜻대로 면서기가 되었다. 이제 33년의 세월이 흘렀다. 어머니와 아버지는 장막 저편으로 떠나가신 지 수십 년이 되었다.

그는 군수처럼, 시장처럼 생각하고 일하였다. 정직하게 근무하였다. 시민을 사랑하는 동기로 공직자의 소신을 지켜왔다. 군도가 마을까지 개설된 뒤로 아버지와 걸었던 그 오솔길을 갈 기회가 없었다. 3년여 남은 공직을 마무리하는 계획을 마음속으로 정리하고 있다.

도시성장과 발전을 위한 2차산업 기반 구축을 위한 5년여의 프로젝트가 끝나고, 전문성을 쌓아온 문화관광 분야 업무가 마무리되면 1~2년 후 고향 면장으로 가고자 한다. 36년의 공직을 돌아보며 아버지와 걸었던 그 오솔길을 걸을 날을 기다려 본다. 숲속 길에서 산상수훈과 같은 가르침을 준 아버지가 앉았던 그 돌 위를 향해 그렇게 충실하게 살았노라고 인사를 드리고 싶다. (2022)

선친의 종교심

1932년 10월 9일, 4남 2녀 중 셋째로 태어났다. 형제간 중 유일하게 장척마을 떠나 자매마을로 분가하였다. 다른 형제들은 모두 장척에서 거주하였다. 이는 나에게 많은 영향을 주었고 나의 운명과도 관련이 있다고 생각한다. 결국 주님의 큰 축복 가운데 있다는 것을 이해하게 된다. 장척에서 주거하였더라면 장척만의 그 무엇인지 모를 그 특색 또는 어둠의 불화와 속박이 많은 것을 가로막았을 것이라는 생각이고 부모의 삶이 많은 시련이 주어진 것은 결국 영원한 복음인 회복된 하나님의 구원 계획에서 이 혈통이 관련이 있다고 생각하게 된다.

아버지의 놀라운 특성은 종교심이었다. 그리고 순수함과 정직한 영혼이었다. 가난하고 병마로 불운한 삶을 살았지만 순수하고 정직한 삶, 그리고 종교심은 나에게도 관련이 있다는 생각이다. 아울러 조상의 족보에 대한 지식을 주었던 것도 큰 도움이 되었다. 이제 30년의 복음에 따른 초보자의 길을 걸은 나로서 아버지가 구도자의 삶을 걷고, 가난과 역경이 나에게도 구도자의 길을 가게 했던 그 많은 것들이 혈통과 영원 전부터 하나님으로부터 물려받은 신앙과 하나님의 속성과 성품을 강하게 지닌 것이 아닌지 생각하게 된다.

내가 지닌 신앙과 구도의 길은 내 마음속에 있다. 고향의 친구들과 학교의 동창들과 직장의 동료들과 세상의 이웃들과 교회의 회원 형제·자매들과는 다른 그 영원한 질문과 엄숙함이 나에게 있다는 것을 인정해야 한다. 어머니의 사상도 아버지의 사상도 악마의 방해와 유혹과 시험이 그 시대는 가난 하나만으로 무너뜨리고 있었다. 병마와 가난은 한 가정을 무너뜨리기에 충분했었다. 이처럼 교회도 다툼과 불화 역시 주님의 영을 떠나게 하는 멸망으로 가게 하는 불신앙이 큰 원인임을 알게 된다.

아버지에 대한 종교심의 기억은 초등학교 어린 시절 계속 위장이 좋지 않아서 정상적인 직업 또는 농사일을 할 수 없게 되었던 것 같다. 밤늦도록 무당을 불러서 마당에서 굿을 하던 기억이 난다. 무당이 계속 주문을 하면서 의식을 할 때 아버지는 눈물을 보이고 약한 모습을 보인 것을 내가 보았고 기억한다. 또 세월이 흘렀는지

남묘호렌게쿄를 믿으며 새벽녘에 일어나 기도하는 모습을 기억한다. 불교, 하나님에 대한 종교심도 가졌었다. 고향 교회에 다니다가 내가 예수그리스도 후기성도교회에 가입한 후 발길을 끊었다. 이단이라는 수군거림이 있었을 것이다. 고향 마을에도 나에 대한 잘못된 종교에 대한 부정적인 소문이 퍼져 있었다. 예수그리스도 후기 성도 교회에서 성스럽게 갖고 있는 몰몬경에 대한 편견과 오해로 기존 기독교인 들의 말들 때문이다.

어머니도 96장 '내 주를 가까이'를 좋아하셨다. 돌아가시기 전에 침례교회에서 나와 아내와 같이 죽림 저수지에서 침례를 받았었다. 아내는 기독교와 전혀 관련이 없는 집안 내력이었다. 결혼하여 나와 같이 종교에 이끌려 들어온 것이다. 신앙을 갖는다는 것은 쉬운 일이 아니지만 사도와 선지자의 간증을 들음으로써 신앙이 생겨난다. 그래서 매일 표준경전을 공부해야 하는 것이다. 아버지가 돌아가시기 몇 년 전에 예수그리스도 후기성도교회 여수지부에 몇 번 참석하셨고 몰몬경을 주셨지만 결국 개종을 하시지 못하였다. 많은 대화를 하였다. 영의 세계에서도 예수 그리스도 후기성도 교회가 있는데 그곳에서도 관심을 가지라고 말씀드렸다.

2005년 11월 6일 휘장 저편으로 떠나셨다. 18년이 되셨구나. 내가 41세 때의 일이었다. 퇴직이 2년이 못 남았고 3남 2녀 자녀들이 모두 성인이 되었도다. 아버지와 어머니가 영의 세계에서 얼마나 기도를 드렸는지 그분들의 자녀들이 현세적, 영적으로 축복을 받고 손주들도 축복받고 살아가고 있다. 그 힘든 지상의 필멸의 생활 동안 얼마나 많은 아쉬움과 미련이 남아 있을까. 하나님 아버지의 구원 계획과 예수그리스도의 속죄 희생과 부활의 권세와 권능이 얼마나 큰 사랑이고 축복인가. 내가 평안하고 화평한 이 마음이 복음을 이해하고 소망하는 그 은혜에 의지하기 때문이다. 겸손하게 예수그리스도께 온전히 의지하고 은혜를 간구하도다. 그것만이 소망이 되고 평안을 가져오도다. 성전에서 죽은 자를 위한 거룩한 의식이 회복되고 현재 이러한 의식을 받을 수 있음에 하나님께 감사를 드린다. 선친 두 분이 그 역할에 길을 여신 분이시다. 그 위에 모든 조상이 말이다. 예수그리스도께 감사드리옵나이다. (2023)

조 원장의 인연

오늘 아침에 권규청 전 테크니션스쿨 원장으로부터 전화가 왔다. 올해 우리 시 일자리 박람회에 역할과 참가 의사를 전했다. 그리고 이어서 조영만 전 초대 테크니션스쿨 원장이 돌아가셔서 오늘 아침 출상한다고 전했다. 매우 충격적이었다. 올해 66세로 아직 한창이었을 때인데 무슨 일로 그랬는지 물었더니 갑작스럽게 돌아가셨다는 것만 알 뿐이라고 했다.

테크니션스쿨은 우리 시의 청년들을 국가산단에 취업시키기 위한 정책으로 출발한 사업이다. 당시 담당 팀장으로 주무관 1명을 데리고 스쿨 기획, 커리큘럼, 선발 규정, 스쿨 조직, 운영 전반에 관한 일을 시작하게 되었다. 쉽지 않았다. 국가산단 대기업의 인사팀장과의 간담회를 소집했지만, 참여율이 10%도 되지 않았다. 많은 기간 동안 각 공장을 방문하여 맞춤형 직원 채용을 위한 모집 기준의 정보를 파악하기 위해 공장장과 인사팀장들과 깊게 면담하였다. 결국 반년 만에 테크니션스쿨 운영계획안을 만들어 간담회에서 서로 간의 신뢰를 갖는 맞춤형 선발과 교육과정을 완성하게 되었다.

당시 담당 과장은 이 사업에 대한 비전도 없고 관심도 부족한 준 정치공무원이었다. 훗날 당선된 시장이 결국 학교 및 정치적 인연으로 그는 국장으로 승진하였다. 그 당시 국장은 이 사업에 전폭적인 지원과 지지자였다. 그 힘이 큰 도움이 되어 소신껏 대한민국 대표 취업 정책을 완성하게 되었다. 스쿨을 만드는 과정에서 인력양성 전문가를 영입하여 원장직을 수행할 사람을 물색하는 과정에서 LG화학 썩세쓰 스쿨(Success School)원장 출신인 조영만 박사를 추천하게 되었다. 연락하였을 때 흔쾌히 동참하였고 3년간 열정을 다하여 수고를 하였다.

올해로부터 13년 전인 2010년 테크니션스쿨 1기를 서른 명을 모집하여 서른 명 전원이 국가산단 양질의 대기업에 취업하였다. 그 당시 가장 협조적이었던 산단 총무, 인사팀장들은 바스프 김창선 인사부장(지난해 작고), LG 최대한 부장, 금호 김대승 부장, 휴켐스 김병승 부장, 삼남 이오식 부장, 지에스 이승필 부장 등이었다. 지에스 출신 이종봉 팀장은 테크니션스쿨 사무국장을 맡아서 많은 수고를 하였다. 그리고 뭐라 해도 조영만 원장의 역할이 독보적이었다. 전남대학원 경영학 인사 관련 박사 학위를 받고 긍정의 심리학에 관한 책을 저술하기도 하였다. 하지만 우리시는 담당 팀장의 비전과 스쿨 운영 방향을 계획 수립하여 추진하고자 하였으나 결재권자들의 무관심으로 조 원장과 함께 많은 실망을 갖게 되었다.

1년 후인 2011년도에 테크니션스쿨 2기 서른 명 모집에 1기보다 더 많은 청년이 모여 13대 1의 수준이었다. 지역 사회에서는 테크니션스쿨만 합격하면 100% 취업이고 연봉이 10년이 못 되어 억대에 이르는 본 과정이 지역의 최고 화두가 되었다. 유력한 많은 분이 합격을 위한 청탁 전화가 있었고 스펙이 뛰어난 청년들이 합격하여 산단 기업 인사팀장들이 교육 중에 청년을 자신의 회사로 인도하는 등 인재 쟁탈전이 펼쳐졌다. 스쿨이 기업으로부터 신뢰받은 이유는 선발 과정에서부터 기업이 원하는 인성, 태도 등 맞춤형 모집과 커리큘럼으로 청년들의 변화된 태도가 큰 반향을 일으켜 기업 간에 인재 유치 쟁탈전이 벌어지기도 하였다.

담당 팀장으로 소신과 정직하게 업무를 처리하는 본연의 모습으로 2기 모집 과정에서 리더십의 측근 등 많은 청탁을 받았으나 모두 거부하였고 규정을 준수하였다. 그 결과 민선 5기 시장의 취임 첫 번째 인사에서 관광과로 무보직으로 버려졌다. 후임자들은 청와대와 행안부로부터 최고의 시책으로 선정되었고 기관, 담당자들의 표창과 해외연수 등을 다녀왔으나 난 그 시기부터 흰머리가 돋아나고 지금은 백발이 되었다. 부정직한 정치인들이 나라를 망치고 패거리 당들이 지역을 팔고 그들의 이익을 챙기는 시대가 된 것이다.

조 원장과 함께 걱정하고 서로 마음 아파하였다. 이 조직과 지역사회가 부응하지 못하는 아쉬움에 많은 것을 생각하고 더 열심히 도시를 위하여 공부하고 연구하는 계기가 되기도 하였다. 조 원장은 3년 후 석유화학고 공모 교장으로 이동하여 갔었다. 그분의 성공도 테크니션스쿨이 기반이 되었다. 내가 2006년부터 산업형 평생 학습도시를 교육인재육성부로부터 인증을 받을 때부터 이러한 스쿨을 기획하였으나 서울대학교 김신일 교수팀이 용역서에 담아내지 못하였다. 그것이 계기가 되어 나를 잘 아는 담당국장이 테크니션스쿨 담당 팀장으로 불러드렸고 기획에서 설립까지 모든 것을 할 수 있었다.

조 원장은 석유화학고 마이스터고 교장을 미치고 화장동 고교 인근에서 여수산단 컨설팅 업체를 세워 컨설팅하여 왔었다. 몇 번

식사도 하고 자주 전화 통화를 하면서 테크니션스쿨 추억과 도시 발전의 이야기도 많이 나눴다. 금년에도 함께 많은 이야기들을 하였으나 이제 모두가 가는 길로 떠나버렸다. 사실 그분에게 회복된 복음을 소개하고 몰몬경을 이야기했다는 생각이 든다. 선물을 했는지는 기억할 수 없다. 오늘 한화 오철곤 전 부장, 테크니션스쿨 1기 대표 이한봉과 통화를 하였다. 코로나와 연계된 패혈증이 원인이었다고 한다. 광주 전남대학교병원 중환자실에서 생을 마감했다고 한다. 조 원장을 추모한다. 참 아까운 분이었다. 좋은 인연이었다. 9월 2일 별세하고, 9월 4일 발인이었다. (2023)

뿌리 찾기

　나무와 식물이 뿌리 없이 열매를 맺을 수 없듯이 사람도 조상 없이 어떻게 존재할 수 있겠는가. 그 열매의 씨앗이 땅에 묻혀 다시 열매를 맺듯이 조상의 희생 없이 어떻게 후손들이 존재할 수 있겠는가. 유교문화와 불교문화가 땅의 영양분을 이루었던 조상들의 전통이 내게도 깊게 묻어 있었다. 친가와 외가의 가르침도 그러한 영향 속에서 어린 시절 족보를 보면서 부친의 이야기를 들어왔었다. 족보 속 그분들 삶의 모습은 생략되었지만 이름과 생사의 기록이 인생의 목적과 의미가 무엇인지 많은 생각을 하게 만들었다. 20대 후반에 회복된 복음을 접하면서 조상에 대한 관점을 영원으로 돌리는 계기가 되었다. 친가의 직계부터 외가의 직계로 연결되는 성씨별 대동보와 가승전 등을 근거로 하여 뿌리를 연결하는 가족

역사 사업의 일들을 천천히 해왔다.

  할머니의 모친이 강릉 유씨이며 조모의 외조모가 마 씨라는 것을 2016년 10월에 알게 되었다. 마 씨 할머니가 어느 지역에서 왔는지를 알 수가 없었다. 조사를 하여보니 가까운 곳으로 고흥군 영남면 남열리에서 태어났을 확률이 높았다. 하지만 자료 부족으로 미루고 미루다 올해 들어 직장에 근무하는 몇 분의 마씨 성을 가진 분들에게 문의드렸더니 자신들은 장흥 마씨이고 대부분 장흥에서 태어나 직장을 얻어 이곳에 살고 있다고 하였다. 하는 수없이 마 씨 대동보를 찾아보기 위해서 인터넷상의 종친회를 방문하였다. 전자족보는 없었다. 다행히도 지역별 종친회 임원들의 연락처가 있었다. 낭도 지역과 가까운 고흥 영남면 남열리가 마씨 집성촌으로 알고 있는 터라 고흥군 마 씨 종친회 총무의 연락처를 알아서 전화하게 되었다.

  마용만 총무는 자초지종을 듣고는 아주 반갑게 전화를 받아주었다. 만날 일정에 약속하고 시간을 내어 방문하게 되었다. 차를 운전하며 고흥에 접어들어 남열리까지 가는 길은 산속을 지나고 해안선을 따라 매우 오지와 같은 느낌을 받았다. 조모의 외가 마을인 낭도는 여수에 속하지만 고흥 영남면 남열리와는 뱃길로는 가까운 지역이다. 남열리는 이름 있는 해수욕장이 있고 우주발사체 전망

대와 해안선이 아름다웠다. 깊은 바다와 많은 어패물이 서식하는 해변이라 풍족한 생활을 하는 어촌이었다.

 마 총무님은 리 사무소에 장흥 마씨 대동보를 가져와 기다리고 있었다. 명함을 드리고 인사를 정중히 드렸다. 함께 족보상에 기록된 마 씨 할머니의 출생 시기와 부친의 이름을 근거로 대수를 맞추어 보니 25세가 부친이고 26세가 외 조 할머니일 가능성이 높았다. 대동보상 고흥 지역을 모두 찾아봐도 부친의 이름과 같은 기록을 찾을 수가 없었다. 하는 수없이 고흥 입향조부터 휴대전화 카메라로 촬영하는 것으로 기록을 얻어와 다시 세밀하게 둘러보기로 하고 다시 한번 찾아뵙겠다고 인사를 드리고 돌아왔다.

 집으로 돌아와 있어야 할 분이 없다는 조바심에 사진 촬영한 족보 기록을 반복해서 찾아봐도 찾을 수가 없어서 좌절하고 말았다. 다른 방편을 찾아보기 위해서 중앙종친회 마상문 총무이사에게 전화하였다. 전자 족보는 개인 정보 노출 등 우려로 제작하지 않았다고 하였다. 확인한 자료에서 찾을 수 없다면 쉽지 않다는 이야기를 끝으로 완전히 포기하는 마음으로 탐색을 접었다.

 퇴근하고 집에 돌아오면 그 아쉬움에 머릿속엔 온통 찾을 수 있는 어떤 방법이 없을까 하여 다시 확인하고 확인하는 며칠을 보냈다. 또 미련이 남아 할머니 외가 강릉 유씨 족보를 다시 확인하고 확인했다. 또 며칠이 지나 마씨 대동보 사본을 출력하여 처음부터 다시 탐색하였다. 족보상에 묘지가 남열리가 아닌 둔병도라는 분의 이름이 동흥(東興)이고 자가 영천(靈川)인 25세인 분이 보였으나 강릉 유씨 족보상에 마 씨 할머니 부친의 존함은 재원(在元)이 아니라서 그대로 지나쳤다. 처음부터 끝까지 탐색했지만 역시 없었다. 아쉬움을 달래기 위해서 앞부분의 묘지가 둔병도인 그 분의 기록이 있는 89쪽에 포스트잇을 붙여두었다.

  8월 22일 마음을 가다듬고 시작하는 마음으로 다시 한번 탐색하였다. 역시 그분의 이름을 가진 분은 족보에 없었다. 또다시 묘지가 둔병도인 그분의 기록으로 되돌아가서 보니 서(婿, 사위)의 유선일(劉善日)에 강릉인이라 기록되어 있었다. 마 씨 외조 할머니 부친 이름은 재(在) 자, 원(元) 자인데, 동(東) 자 흥(興) 자이고, 마 씨 외조 할머니 부친의 사위는, 즉 남편의 이름은 영윤(永允)인데, 그 기록은 유선일(劉善日)이었다. 생각하기를 유씨 집안으로 마씨 집안에서 시집온 가족이 또 있었나 보다 하고 다시 책장을 넘기며 찾아보다 덮었다. 답답한 마음에 다시 포스트잇이 붙여진 묘지가 둔병도이고 존함이 동흥(東興) 이시고 자가 영천(靈川)인 25세인 분으로 다시 돌아가 살펴보았다. 마 재원(馬在元) 이름이어야 하는데 없고, 서(婿, 사위)는 유영윤(劉永允)이어야 하는데 없도다. 그렇지, 220년이 지난 지금에 그분들을 찾는 게 쉽지 않겠지. 그렇다면 찾을 수 없는 나의 증조모와 외증조모를 다시 제적부부터 확인하여 그분들의 족보를 찾아보자꾸나. 그렇게 고민하다, 그렇다면 할머니 외조모 마 씨 할머니의 제적부가 있는지 확인부터 해보면 되겠구나. 면사무소에 전화하여 확인 결과 그 아랫대까지만 기록이 있는 것이었다.

왜 이렇게 집착하는 것일까. 좀 심한 건가. 아니야. 당연하지, 나는 뿌리를 중요시하는 사람이거든. 족보가 조작들이 많다고 하는데 족보는 믿을 수 없는 것일까? 그렇지만 없는 사람을 기록하지는 않았을 텐데. 그래 마지막으로 다시 한번 훑어보자꾸나. 몇 번을 찾아봐도 없는 것을 포기하지 뭐. 그래도 마지막으로 한 번만 훑어 보자꾸나. 그래 포스트잇이 붙여진 89쪽 그 부분을 한 번만 더 찾아보고 다른 방도를 찾자. 역시나 마재원(馬在元)이라는 이름이어야 하는 데, 동흥(東興)이시고, 서(婿, 사위)는 유영윤(劉永允)이어야 하는데, 유선일(劉善日)이다. 다시 보니 사위 유선일의 이름 아래로 아들 두 분의 이름이 기록되어 있었다. 큰아들이 항상(恒相)과 둘째가 우상(雨相)이었다. 그 이름이 어디선가 본듯하였다. 강릉 유씨 족보(할머니 외가)를 펼쳐보았다. 유영윤의 아들로 큰아들이 훤상(烜相)이고 둘째가 우상(宇相)이었다. 큰아들 이름의 앞 자가 비슷한 한자인 항상(恒相)과 훤상(烜相)이고 둘째 아들은 다른 우 자의 한자인 우상(雨相)과 우상(宇相)이었다. 이제야 뭔가 될런가 보다. 이제 뭔가 기적이 일어나려나 보다. 호흡을 가다듬었다. 할머니 외가의 유씨 족보의 기록이 할머니 외조모 마씨 족보의 부족한 기록을 바로잡고 혈연관계의 사실을 확인하는 순간이었다.

할머니의 외증조부가 유씨 족보상의 재원(馬在元) 성함의 할아버지가 장흥 마씨 25세와 동일인인 동흥(東興) 할아버지셨다. 자가 영천(靈川)이시다. 그분의 따님 마씨(할머니의 외증조모)와 장흥 마씨 족보상의 사위로 기록된 유선일(劉善日) 성함의 할머니의 할아버지는 유씨 족보상의 유영윤(劉永允)과 동일인이었다. 결국 장흥 마씨 26세 손의 딸과 사위의 아들로 기록된 항상(恒相)과 둘째가 우상(雨相)은 유씨 족보에도 두 아들이 있는데 훤상(烜相)과 우상(宇相)의 동일인이었다. 이분들은 24세손 할아버지 때 고흥 영남면 남열리에서 화정면 조발리 둔병도로 이주하여 살았고 그분의 후손인 마씨 할머니가 인근 낭도로 시집을 온 것이었다. 둔병도에는 두 세대가 살았는데 현재는 후손들이 다른 지역으로 이주하여 살지 않고 있으나 수소문 끝에 후손인 마덕건을 파악하였다. 그리고 그의 동생 덕환은 고등학교 동창생이었다.

나로 시작된 가족역사 중 할머니의 친가인 김녕 김씨와 외가인 강릉 유씨의 기록을 찾아 조상을 시조까지 계보를 이었고, 어렵게 많은 시간을 들여 할머니 외조모인 장흥 마씨까지 기록을 찾아 완성하게 되었다.

뿌리 찾기는 역사이다. 존재하는 사람의 기쁨의 원천이다. 족보 상에 기록된 네다섯 줄의 이력과 한 분의 이름은 위대한 한 인간의 역사이고 나를 있게 한 고귀한 희생의 생명이다. (2023)

5월의 앨범

올해 5월도 새로운 사연이 쌓여 날 만들어 가는 추억이 되었구나. 변함없이 5월이 왔고 60여 년의 삶에 기대되는 일들은 추억과 기념일로 무성한 잎들을 피웠다.

5월은 유난히 기념일이 많다. 많다 못해 돈 들어갈 일이 더 걱정되는 한 달이다. 격려금이 많이 필요한 달이다. 가장 큰 잎은 결혼기념일이다. 33년 전 5월에 축복예식장에서 식을 올렸다. 장인어른 친구분인 군수님이 주례를 해주었다. 1년 후 5월에 첫째 아들이 태어났다. 3년 전 둘째 딸이 5월 초에 결혼식을 했다. 결혼하고 보니 사위 생일이 5월 말일이다. 사돈과 만나 이야기하다 보니 결혼일이 10년 터울로 우리 부부와 같은 날이다. 손주 둘 어린이날, 어버이

날, 부부의 날 등 행사와 모임의 달이다. 10년 후쯤 되면 손주들이 열 명은 될 텐데 가히 5월은 명절을 능가하는 달이 될 것 같다.

새로운 한 잎의 추억의 36년 공직 생활을 마치는 5월 7일 아내와 함께 해외로 퇴직 여행을 다녀왔다. 호주와 뉴질랜드를 10일간 둘러보았다. 여러 곳을 다녔지만, 아내가 이번 여행을 만족해했다. 긴 직장생활을 돌아보듯 말 못 할 고초도 있었다. 하지만 돈이 더 소비되고 황당했지만, 즐거운 여행으로 아내가 만족하니 내가 더 행복했다. 시드니 오페라하우스는 쓸쓸한 어촌 바닷가의 모습을 숨기지 않았다. 호주를 여행하는 이틀 동안 비가 내리고 흐린 시간이 반복되었다. 직장생활 초기 시련의 시기를 기억하게 하였다. 아내와 사진을 기록하면서도 서서히 웃음이 터지고 춤추듯 길을 달리며 다녔다. 다시 비행기를 타고 뉴질랜드 남섬으로 이동했다. 입국 절차에 절망했다. 결국 아까운 돈이 대신했다. 밀퍼드 사운드 선상 만찬이 일품이었다. 산과 바다가 연결된 폭포를 바라보면서 직장에서 승진으로 섬에서 근무하던 젊은 시절이 그리웠다. 대비되는 바다와 섬, 바다에 비추는 산, 그리고 유람선과 도선이 현재와 과거를 빨리 끄어내리는 닻줄과 같았다.

다시 비행기를 타고 북섬으로 이동해서 영화〈호빗〉을 촬영한 마을에서 20년 전 아이들과 보았던 그 화면 속에 아내와 함께 있었다. 양털 깎기, 소젖 짜기 체험에 아내는 무대에 올라 자격증도 받았다. 돌아오는 길은 힘들었다. 열두 시간 비행에 공항에서 집까지 다섯 시간 이동에 녹초가 되었다. 퇴직하고 가정으로 돌아오는 1년여의 내 마음을 대변하는 듯했다. 새벽에 도착했다. 다음 날 막내가 미국 출국이라 다시 새벽에 다섯 시간을 달려 인천공항에 도착한 후 출발 시간을 기다리는데 힘들었다.

막내아들은 전임 선교사 봉사를 위해 MTC에 입소하기 위해 가는 길이다. 2년간 봉사하게 되는 데 용기가 충전됐지만, 떠날 시간이 되니 눈물을 보이고 만다. 밀퍼드 사운드 폭포수가 떠오르는 눈물이었다. 아내도 함께 울었다. 마음이 아려왔다. 막내는 막내였다. 사랑하는 마음과 염려가 밀려왔다. 피곤이 사라져 버리는 기분이었다. 5월은 한 가지에 여러 잎을 돋게 하는 추억을 접붙이는 달인가 보다.

딸 부부가 큰손주를 데리고 유학한 그들의 추억을 보여주려고 5월 말일경 미국 여행을 출발했다. 돌 지난 둘째는 우리와 함께 생활하기로 하였다. 며칠 후 큰손주가 한국에 있는 동생에게 동영상을 보냈다. 분수대 난간에 서서 "누구야 잘 있어."라는 인사를 보냈다. 동생은 영상을 보여줄 때마다 좋아하면서도 시큰둥하다. 어린아이가 자기를 두고 떠난 언니와 부모의 일을 눈치나 챈 듯 말이다. 둘째를 돌보는 아내는 즐겁지만, 피곤이 쌓여서 결국 몸살이 와서 힘들어서 내 손길이 필요했다. 그래도 둘째가 귀여운 시간을 채워줬다. 자녀들 양육 때와 다른 느낌과 기쁨으로 둘째 손주가 내리사랑을 확실하게 마음에 심어주었다.

직장과 다니는 교회에도 5월의 일정이 너무 많아 행사들을 마치고 직장 옆 공원에서 하늘과 주변 숲을 바라보니 나무들이 내게 이야기한다. 가지 많은 나무에 바람도 깃들고 잎이 무성한 나무에 열매도 가득하기를 빈다고 말하는 듯하다. (2023)

고산을 만나다

 4월 초에 고산(孤山) 공은(孔隱) 선생의 묘소(墓所)에 다녀왔다. 동장으로 삼일동 역사 관련 문헌과 유적지를 살펴보는 일련의 학습이었다. 묘소는 낙포 휴켐스 공장 뒷산에 있었다. 삼일동에 살고 있는 후손인 공상식(孔相植) 어르신과 함께였다. 최근에는 고산 선생 문집인《고산실기(孤山實記)》를 적지 않은 금액으로 구입했다. 고산(孤山) 선생을 더 알고 싶어서이다.

 고산 선생은 고려 후기에 여수시 삼일동 지역에 유배된 문신이다. 1380년(우왕 6) 문과에 급제하여 고려가 멸망할 무렵에는 문하시랑평장사에 이르렀다. 위화도회군으로 조선을 건국한 것을 불의(不義)라 하고 두문동에 은거해 버렸다. 태조와 태종은 고산을 불러

기용하려 했으나, 바른 학문으로 유학을 강조하는 상소를 올렸다. 상소문이 빌미가 되어 경상남도 의금도에 유폐되었다가 전라남도 여수 진례산 아래 낙포로 이배(移配)되었다. 고산은 여수 유배지에서 생을 마쳤다. 삼일동 주민센터 아래 '고산서원'을 후손들이 세워 배향하고 있다. 도시에서는 고려의 3충신이 있다며 자랑스러워한다. 고산 공은 선생과 고려 여수현 마지막 현령 오흔인, 그리고 간의대부를 지낸 차원부를 말한다. 고산 선생의 후손은 여수와 전남 지역에 오흔인 현령은 율촌면 지역을 중심으로 자원부 후손 역시 율촌면 지역을 중심으로 기거해 왔었다.

여수는 역사적으로 부침이 많은 지역이다. 도시의 역사를 알아가면 갈수록 고개가 숙여진다. 고산 선생의 기록들을 보면서 더욱 그렇다. 고산 선생의 사상을 알 수 있는 시 한 편이 마음에 공감하고 슬픔이 밀려온다.

적소일일 謫所一日

망국의 외로운 신하 이 한 몸 괴롭지만
바닷가 땅끝까지 왔음을 어찌 근심하랴.
풍파 헤쳐 노를 저어 당개(唐介)를 따르고
짙은 안개 빗겨가 구공(寇公)을 생각하네.

산골 새는 그물을 피하여 들 밖을 자유로이 날고

연못의 고기떼는 낚시가 두려워 깊은 데로 헤엄쳐 간다.

인생이 예부터 죽지 않은 이 있던가.

죽기를 각오한 충성심이 붉게 빛나네.

亡國孤臣痛一躬

豈憂此路海邊窮

風波橈楫懷唐介

獐霧橫頻感寇公

谷鳥避羅飛野外

池魚畏釣就溟中

人生自古誰無死

留取丹心照日紅

    삼일동 지역은 여수 역사의 고향이다. 삼일포향에는 많은 지석묘가 있었다. 또한 지석묘 발굴 과정에서 국내에서 가장 많은 비파형 청동검이 발굴되었다. 여수를 대표하는 고려 때 창건한 비보사찰 흥국사가 있다. 여수의 가장 높은 산 영취산(510m, 진례봉)이 있다. 조선 초에는 수군의 진례만호진이 있었다. 현재는 국내 최대의 석유화학 여수국가산업단지에 2만여 명의 시민이 일하고 있다.

(2020.4)

산업지원과 동료 직원 여러분께

김용우 팀장님, 윤정임 팀장님, 이유형 팀장님, 서근채 팀장님, 윤영안 팀장님, 서규나 주무관님, 박재연 주무관님, 이영훈 주무관님, 조계현 주무관님, 허서현 주무관님, 윤영인 차장님, 김경태 주무관님, 김수영 주무관님, 남소현 주무관님, 강용주 주무관, 안준성 주무관님, 김현지 주무관님, 김효선 주무관님, 조유진 주무관님, 반지윤 주무관님!

왜 이렇게 마음이 허전한지 모르겠습니다. 미안하고, 무엇인지 모르게 도움을 주지 못한 듯한 무거운 마음으로 답답합니다. 한 분 한 분께 글을 올리고 싶었지만 미안합니다. 양해해 주시기를 바랍니다.

먼저 용서를 구합니다. 권한이 부족한 과장 직책으로 인구 5만의 감소에 대한 대안으로 R&D 사업의 기반을 구축하고 2차산업(제조업 등) 육성 지원으로 성장하는 도시를 만들고자 하는 소망이 지나쳐 여러분을 너무 고생시켰습니다.

난 3년 6개월 후면 퇴직입니다. 33년 전 공무원이 되면서 "내가 시장(군수)이라면 어떻게 일을 해야 할까?"를 항상 고민하면서 연구하면서 일해왔습니다. 통합 후 약 23년간 인구수와 경제 규모로 전남 제일의 도시였으나 2020년 4월에 인구수는 순천에 넘겨주고 말았습니다. 도시성장의 척도는 인구수의 증감입니다.

20여 년간 우리시는 전시행정의 시책이 우선이었고 쇠퇴 도시에서 근본적인 도시성장 정책을 추진 못 하고 결국 쇠퇴에서 쇠락 도시로 가고 있습니다. 안타까운 마음에 2003년부터 통계자료를 분석하면서 도시쇠퇴의 원인을 분석하고 대안 마련을 위해 무던히 공부하고 연구했습니다.

그 결과 테크니션스쿨(산단대기업 청년 취업)을 팀장 때 기획, 산단 대기업 인사팀장 간담회, 커리큘럼 작성, 공개모집(서류전형 기준, 시험, 인·적성검사, 면접), 99% 취업, 2기 모집 완료 후 부당압력 거부로 부당하게 관광과로 무보직 인사 조처를 당했습니다. 통합 후 문화

관광과 업무를 9년 6개월간 했습니다. 전문성도 인정받았으나 인사상 항상 배제되고 밀려다녔습니다. 사무관 승진도 부당하게 5년이 늦었습니다. 그럼에도 인사 청탁을 안 했습니다.

성과를 내는 목적은 내가 여수시 공무원으로 자존심과 사명 의식, 주인의식, 역사의식, 신앙인의 양심으로 일했습니다. 난 국장 달기가 어려울 것 같습니다. 그럼에도 변함없이 도시성장과 주민복리를 위해서 일하고 있습니다. 내 삶을 사는 방식입니다. 나는 능력과 역량이 사무관을 넘는 자, 서기관을 넘는 자의 자세로 연구하고 일합니다.

혹, 마음에 상처나 기분이 상한 일이 있으시다면 널리 양해와 용서를 바랍니다.

같은 봉급생활자로 젊은 직원들의 애로와 고뇌도 이해합니다.

가장 절망감에 있는 분도 있는데 승진에서 배제되는 아픔 중에 슬픈 이유는 부끄러움이었습니다. 하지만 그렇게 생각하지 마십시오.

정직하게 일하고 최선을 다했지만 부당함을 받는 이유는 또 다른 불평등과 불공정 사례이므로 스스로를 너무 비참하게 만들지 마십시오.

둘째, 최고의 전문가가 되도록 연구하십시오.

공직은 역량으로 행하는 조직입니다. 어떤 분야에 탁월해지면

능력자입니다. 한 업무 분야에 최고의 전문가가 되십시오. 220여 개의 지자체 공무원 중 어떤 한 분야 업무에 최고의 공무원이 되는 목표를 세우십시오. 그리고 공부하고 연구하여 진정한 최고가 되십시오. 공직을 천직으로 받아들이십시오. 하늘이 준 직업으로 받아들인다면 최고가 되는 동기가 될 것입니다. 그러면서도 여수를 사랑하십시오. 이 도시를 사랑하는 동기가 가장 능력이 있는 공무원으로 만들어 줄 것입니다. 그로 인해 열정과 즐거움이 가득한 공직이 될 것입니다. 대학원 석사, 박사도 하시고 기술사 등의 목표를 향해 나가십시오. 대학교수를 능가하는 역량과 경험을 갖춘 여수시 공무원이 되십시오. 업무에 큰 도움이 되는 연구원을 즐겨찾기에 모으고, 논문과 세계 선도 지자체의 성공 사례를 찾아서 연구하면 새로운 정책을 개발할 역량이 커집니다. 그때까지 계속 공부하고 연구하십시오.

셋째, 여수를 쇠퇴에서 성장하는 도시를 만드는 데 연구하여 주십시오. 자주 과장으로서 반복해서 2차산업과 제조업의 육성 지원을 언급했습니다. 일자리와 안정된 인구수의 증가는 제조업이 가장 큰 기반입니다. 현재 석유화학 산업을 육성 지원하면서 신산업의 육성 지원에 대한 강한 비전으로 나가야 도시의 대전환과 성장하는 도시로 변화될 수 있습니다.

3차산업 서비스산업과 두 축으로 나갈 때 여수의 성장과 살기 좋은 도시가 되어 정주 기능이 높아질 것입니다. 산업과 경제 분야 공무원이 우선시되는 여수시청 조직문화가 바람직합니다. 지원 부서를 우선시하니 도시는 발전할 기회를 잃었습니다. 산업 경제 분야 전문적인 소양과 능력을 갖춘 공직자가 100명만 된다고 하더라도 이렇게 빨리 도시가 쇠락해 가지는 않았을 것입니다.

누가 도시를 지킵니까? 누가 도시의 주인입니까? 시민입니다. 여수시민입니다. 그중에도 평생을 도시의 정보와 통계로 정책을 수립할 수 있는 공무원입니다. 시민이면서 공무원인 우리들입니다. 인근 도시는 인구수가 계속 증가했습니다. 우리 시만 5만 명이 감소했습니다. 국가산단, 엑스포, 관광객 1천만 등 큰 도시성장의 계기와 자원이 있었지만, 무엇이 문제입니까?

1년 6개월간 근무하면서 수년간 40억 미만의 산업지원과 예산을 220억 원까지 끌어올렸습니다.

국도비 확보가 이러한 성과를 내었습니다.

고생하셨습니다. 고맙습니다.

많은 생각이 있습니다만 여기까지 하렵니다. 코로나로 함께 식사 모임을 하지 못하는 마음을 전해드립니다. 여러분 모두 사랑합니다. 존경하고 함께 근무한 시간 큰 영광이었습니다. 감사합니다.

(2022.1)

춘향가

노래를 싫어하는 사람은 없을 것이다. 음치나 박치여서 부르는 것을 두려워할지라도 자신만이 좋아하는 노래가 있을 것이다. 마음을 위로하는 기쁨을 주는 노래 한 곡쯤을 삶에서 흥얼거리기 마련이다. 요즘 결혼식은 주례를 두지 않기도 하고 당사자들이 노래하는 등 결혼식 문화가 다양하다. 내가 결혼하던 시기인 90년대 초에는 스승이나 사회적으로 덕망이 있는 분을 주례로 모셨다. 그리고 축가를 부탁하여 친구, 지인 등이 담당을 하였다.

음악 듣기를 좋아하는 나는 팝송을 좋아하였다. 20대 초반 부산에서 생활하던 시기에 음악 다실에서 서툰 DJ 생활을 하였다. 고향 친구들도 다녀갔던 기억이 있다. 80년대, 그때는 그 시기의 음악적인 특성으로 매우 우울한 분위기의 노래가 젊은이들의 인기를 얻었다. 그러한 시류에 젖어 나도 짧은 기간이지만 희망보다는 좌절을 노래하는 음악에 젖어 있었다. 마음을 살펴보던 나는 더 이상 이러한 음악에서 빠져서 있어서는 안 되겠다는 마음에서 나가야겠다는 생각으로 그동안 모아두었던 라이선스 음반 모두를 불태우고 그 길에서 돌아섰다.

그런 후 음악을 좋아했던 난 어린 시절부터 관심이 컸던 판소리를 연구하게 되었다. 이론부터 공부하였다. 그리고 많이 듣기 능력으로 깊이를 이해하는 것에 노력하였다. 동편제, 서편제 대가들의 소리와 유파의 소리 음반을 모으고 들으면서 공부하였다. 이러한 연유로 결혼식 축가를 판소리로 하기를 소망했다. 고교 동창 친구 처제가 판소리를 하는데, 유망한 젊은 소리꾼이었다. 지금은 지역을 대표하는 판소리 명창이다. 결혼식 축가로 '사랑가'가 불리게 되었다. 지금도 돌아보면 J 명창의 무대는 큰 영광이었다. 그 가사가 아름답다.

> "이리 오너라 업고 놀자.
> 이리 오너라 업고 놀자.
> 사랑 사랑 사랑 내 사랑이야.
> 사랑이로구나 내 사랑이야.

이히 내 사랑이로다.

아매도 내 사랑아.

네가 무엇을 먹으라느냐.

둥글둥글 수박 웃 봉지 떼뜨리고

강능백청을 따르르르 부어

씨는 발라 버리고

붉은 점 움푹 떠

반간 진수로 먹으라느냐.

아니 그것도 나는 싫소.

그러면 무엇을 먹으라느냐.

당동지지루지허니 외가지

단참외 먹으라느냐.

아니 그것도 나는 싫소.

시금털털 개살구

작은 이도령 서는디 먹으라느냐.

저리 가거라 뒤태를 보자

이리 오너라 앞태를 보자

아장아장 걸어라 걷는 태를 보자

방긋 웃어라 잇속을 보자

아매도 내 사랑아."

— "춘향가", '사랑가' 대목

30년 만에 그 가사를 다시 음미해 본다. 판소리가 세계 무형유산에 등재되고 조선시대에 사람들의 마음을 달랬던 문화 예술이 아닌가. 어느 해 그 축가를 불러준 명창에게 소리북을 준비하여 강의 받게 되었다. 호남가 등을 배우면서 짧은 시기에 내가 재능이 부족하다는 것을 알고 귀명창으로 살기로 마음먹었다. 춘향가에서 이몽룡이 변 사또에게 써준 그 문장을 외우면서였다. 의롭게 살기로 다짐했다.

금술 잔의 좋은 술은 만백성의 피요

(金樽美酒千人血, 금준미주천인혈),

옥쟁반의 맛 좋은 안주는 만백성의 기름이라

(玉盤佳肴萬姓膏, 옥반가효만성고).

촛농 흐를 때 백성의 눈물이 떨어지고

(燭淚落時民淚落, 촉루락시민루락),

노랫소리 높은 곳에 원망 소리 높도다

(歌聲高處怨聲高, 가성고처원성고)

이 사설이 내 공직의 길 동안 시민을 바라보는 관점이 되었다.

(2022.8)

테크니션스쿨

고향에서 공직 생활을 하는 일은 보람 있고 행복한 일이다. 부모와 조상들이 300여 년 가까이 살아온 삶의 기록 위에 나의 발자국을 남기기 때문이기도 하다. 이러한 연유인지 모르겠지만 처음 공직에 발을 딛고 다짐하기를, 첫째, 내가 시장이라면 어떤 시책을 만들어 일을 해야 하겠는가? 둘째, 부정부패는 내가 혁신하고 개선하는 역할을 한다. 셋째, 인사는 실력으로 하고 청탁을 하지 않는다는 소신이었다. 이러한 각오와 다짐은 34년째인 지금도 변함이 없다. 하지만 잘못된 관행의 조직문화와 승진 과정에서 위 세 가지를 지키면서 불이익을 받아왔었다. 청탁을 하지 않으면 좋은 부서와 승진에서 밀리는 것이었다. 도무지 지방 공직조차도 정치인에게 줄을 대거나 소인배적인 무리와 어울리지 않으면 인사에 실망하고 좌절을 겪을 수밖에 없었다.

　민선 3기 A 시장 임기 때 교육인적자원부가 시행하는 평생학습도시 지정을 준비하면서 용역을 서울대학교 K 교수를 책임연구원으로 계획을 수립하였다. 여수시 평생학습도시 방향을 산업 도시형 요청을 하면서 청년들이 여수국가산단 대기업에 취업할 수 있는 교육기관을 설립하는 데 필요한 계획을 요청하였다. 하지만 국가산단 관계자들과 협의 과정에서 무관심의 한계에 부딪혀 실패하고 말았다. 대안으로 내가 요구하여 용역서에 1쪽 정도의 분량으로 여수시에서 인력양성 단기 교육기관을 세워 시 청년들을 국가산단에 취업시키는 방안을 제안해 두도록 하였다.

　2006년 교육인적자원부 심사로 평생학습도시가 지정되었다. 지금도 시청 정문 왼쪽 기둥에 동판이 박혀 있다. 이때가 주사보 시기였다. 이 일을 성과로 민선 4기 때 팀장으로 승진하여 동사무소로 발령을 받아 근무하고 있었다. 동문동과 주삼동에 2년간 근무하는 동안 시에서는 산단 취업을 위한 단기 교육기관 설립을 위해서 두 번을 시도했지만, 또다시 실패하고 말았다. 이때 담당국장이 나만이 할 수 있다고 추천을 한 것이다. 다시 평생학습과로 발령을 받아 팀장으로 직원 한 명과 함께 교육기관 설립을 위해서 산단 대기업 인사팀장들과 수없이 많은 개별 접촉과 간담회를 6개월 이상 협의

하는 가운데 대기업에서 요구하는 모집 요강과 교육 커리큘럼 등을 만들 수가 있었다. 그리고 산단 출신으로 교육전문가를 영입하여 학교장으로 하고 학교명을 테크니션스쿨로 하였다.

2009년 6개월 과정에 기업의 요구에 따라 인성교육 70%, 기술교육 30%로 결정하였다. 선발 과정도 맞춤형으로 첫째 서류전형, 둘째 서류심사, 셋째 시험, 넷째 인적성 검사, 다섯째 면접 과정을 통해 최종 선발을 하였다. 이 모든 것이 인사팀장들과 면담과 간담회를 통해 공통된 자격을 갖추는 선발 기준으로 결정하였다. 이 일을 내가 기획하고 설득하여 이루었다. 제1기 모집 정원은 서른 명이었다. 8:1로 많은 인원이 응시하였다. 6개월 여의 교육을 마치고 전원 서른 명이 산단 대기업에 입사하였다. 민선 4기가 끝나고 5기가 시작되면서, 스쿨 제2기 모집이 있었다. 서른 명을 선발하는 가운데 많은 청탁과 압력이 있었다. 새로운 당선인 신분 시장의 압력은 비서, 총무과장 등에 이르기까지 압력이 왔으나 공정하게 업무를 마무리했다. 그 결과 민선 5기 첫 번째 인사에서 관광과로 무보직 발령을 받았다. 그것도 문제 팀장 네 명과 함께였다. 내가 떠난 후 후임자들은 청와대와 행정자치부에서 최고의 시책으로 선정되어 포상과 외국 시찰 등 영광을 누렸다.

이것이 여수시 시장들의 수준 낮은 행태였다. 그러한 리더십이 도시의 쇠퇴를 가져왔다. 오직 논공행상이 통할 뿐 도시발전과 시민의 복리증진은 뒷전이었다. 현재도 변함없이 조직관리와 인사 운영은 변함없이 그대로 이어지고 있다. 도시 비전도 부족하고 시민의 사랑도 부족한 소인배들의 각축장이다.

여수국가산단의 대기업은 20여 개 업체로 공장에 석유화학과 정유회사이다. 대졸자의 엔지니어는 서울 본사에서 전국적으로 선발을 하고 고졸 이상의 생산직인 오퍼레이터는 지역과 본사에서 선발하는데 지역 청년들을 우대하는 제도가 여러 가지 사유로 뒤로 밀리게 되었다. 7천여 명이 근무하지만, 오퍼레이터들이 평균 연봉이 억대로 지역에서는 가장 상위의 연봉을 받는 곳이다. 몇 년마다 언론에 취업 사기 보도가 끊이지 않는 것도 당연한 이치이다. 올해에도 15기 마흔 명을 모집하여 운영 중인데 예전처럼 취업이 쉽지 않다. 지역 대학과 인력양성 과정이 늘어나면서 모집 경쟁률이 3:1 수준이다. 함께 일했던 초대 J 원장은 세상을 떠났다. 초기 단계에서 함께 일했던 직원 한 명만이 직장에서 일하고 있다. 지역 청년을 위한 스쿨 기획자의 입장에서의 아쉬움은 정치인들이 정직해야 한다는 것이다. 기회에 평등과 과정에 공정과 결과에 정의를 말로가 아닌 행정과 집행 과정에서 시군과 정부에서 그렇게 바로 잡기를 기대한다. (2024)

물이목(水項)

　물이목은 이영산 인근에 있다. 이 지역에 처음 입도한 조상들이 묘를 만든 곳이다. 어린 시절 시제 때가 되면 많은 일가들이 이웃 마을과 여러 지역에서 참석하였다. 대단히 많은 분이 참석했다. 장수만이 내려다보이는 산 중턱이고 묘 옆 아래 지역에는 대나무와 숲을 이룬 땅 아래에서 수원이 출발하여 아래로 흐른다. 그래서 물이목이라고 한다.

　이곳은 조선시대에는 초기에는 백야곶 목장으로 불리다 조선 중기부터 곡화목장으로 불리던 지역이다. 목장 치소는 화동리에 있었는데 건물이 34동이 있었다. 동학혁명 전후하여 불에 타고 폐쇄되면서 흔적이 없어졌다. 호남에서 가장 큰 목장 중 하나였다. 이곳에서 가까운 곳에는 봉화산의 봉수대가 있었다. 호남에서 한양까지 전달되는 직봉으로 첫 출발지이다.

　조선 중기 임진왜란과 정유재란 이후인 1,600대 중반에 이곳에 정착한 조상들은 많은 어려움을 겪은 것 같다. 손자 둘이 태어나고 한 분은 낭도로, 그리고 그분들의 후손들은 군산으로 대부분 이주하였다. 다른 한 분은 나의 조상들이 되는데 화양면 장수리에 터전을 잡았다. 9대 조부가 되는 세만(인하) 할아버지는 조선 초에 처가에 살고 묘도 처가와 함께 쓰는 풍습에 따라 화동리 이 씨 선산에 합장된 것 같다. 세월이 흘러 이씨 집안과 묘 분쟁이 발생하여 결국 포기했다고 한다. 그분의 며느리는 손 씨로 아마도 화동리 손씨 집안인 것 같다. 다른 지역에서 조선 중기 화양면 지역으로 이주한 조상들은 정말 조용하고 은둔하기 좋은 이 해안가 마을에서 중심 가문으로 살아온 것 같다. 장수리 자매(장수)마을, 수문마을, 장척마을 등에 임야가 많았고 전답도 고루 가지고 있었다. 돌아가신 이봉문 어르신의 이야기에 따르면 이분은 할아버지와 가깝게 지내신 분이다. 우리의 집안이 대단했다고 자주 이야기하곤 했다.

　어린 시절 소풍을 이곳에 오기도 했다. 소나무와 아름다운 숲이 우거진 이 산은 아름다운 추억과 그 풍경이 오래도록 각인된 곳이다. 가끔 청소년기에 그곳을 갈기 회가 있을 때 조상의 묘를 보고 가기도 했다. 인근 이영산 앞은 평지가 이루어져 있고 산정 과정 아랫부분에서 물이 솟아오르는 지역이다. 이곳에 집 한 채가 있고 한 가족이 살고 있다. 부친과 알고 지내며 살았었다. 그 아래도 화동리 산전마을이 자리 잡고 있다. 20여 가구가 사는데 마을 아래 화동저수지가 있고 그 아래로는 화동리와 서촌의 큰 뜰의 논 평야지가 펼쳐져 있다.

화동리와 장수리는 조상들이 어울려 살았던 곳이다. 약 300년간 이곳에서 어렵고 힘든 시기를 잘 견뎌서 후손들이 번성하고 좋은 시절을 만난 것 같다. 전쟁과 가난, 나라 잃음과 핍박으로 많은 절망과 좌절을 겪었으리라. 성공한 많은 일가는 다른 지역으로 이주하고 이사를 떠났다. 나는 어떤 사명으로 고향에서 공직에 나서게 되어 지역을 더 많이 알고 고향을 더 사랑하게 되었다. 또한 회복된 복음을 알게 되어 성전 및 가족역사 사업으로 조상들의 의식을 받을 수 있게 되었다. 진실로 값지고 의미 있는 삶을 축복받았다. 공직을 통해서도 많은 공부와 시민을 위한 역할을 할 수 있었고 주님의 교회에서도 봉사와 축복을 받았다. 하나님은 나를 알고 계시고 해야 할 일도 주셨다. 나의 자녀와 후손들도 주께서 인도와 축복이 있다는 것을 안다. 그들의 축복문을 신뢰하기를 소망한다.

이제 물이목은 납골당이 조성되어 있다. 시대의 변화와 국가 정책의 변화이다. 단순한 의식이 되고 있다. 그래도 계속 관리하고 문

중 일을 돌보는 분들이 있어서 감사할 뿐이다. 많은 인재들이 태어났고 튼튼한 문중이 되었다. 더 특별한 것은 후손들이 회복된 복음을 만났다는 것이다. 성전의식을 받을 수 있어서 얼마나 기쁜 일인가? 모두가 하나님의 자녀들로 이 세상에 다녀갔다는 것과 회복된 복음의 진리가 만인에게 알려져야 한다는 중요한 사실이다. 이를 알려야 하고 복천년에 우리가 해야 할 사명인 것이다. 물이목은 부활의 장소가 될 것이다. 많은 조상들이 부활의 장소가 된다. 하나님의 자비와 은혜가 있기를 기도드린다. 앞으로도 이 사명을 계속해 나가야 한다. (2021.11)

담임 선생님과 여동생

초등학교 3학년 때 담임 선생님이 가정방문을 하였다. 집에는 부모님이 농사일 나가시고 손아래 여동생 H만이 집에 있었다. 김 선생님이 동생에게 "부모님은 어디 가셨니?" 하고 물으니. 동생이 대답하기를 "아버지는 어디 가고 어머니는 어디 가셨어요."라고 말 하였다고 한다. 그런데 담임 선생님은 대답을 알아듣지 못하고 "어 디 가셨다고?" 하면서 반복하여 물으셨다고 한다. 초등학교 1학년 인 여동생은 이갈이를 하는 나이여서 위아래 4개의 이가 빠져서 너무나 부끄러운 생각과 사투리가 아닌 서울 말투를 써야 한다는 생각으로 모깃소리 마냥 작은 소리로 말했던 것이다.

담임 선생은 부모님을 만나지 못하고 가신 것 같다. 김 선생님은 광주 출신이었다. 같은 김해 김씨 일가로 아버지와 같은 종자 항렬이었다. 2년 후 봄 소풍을 우리만을 공정 해안가 들머들 지역으로 오게 되었다. 가정방문 때 여동생과 인연이 되어 김 선생은 점심시간에 우리 남매를 찾았다. 점심이 준비되지 않았던 우리는 선생님의 도움으로 점심을 먹었다. 엄마가 오지 않은 이유가 기억나지 않았지만, 부모님이 소풍 때 오질 않았다. 여동생과 나는 아마도 부모가 다툰 것으로 이해하였다.

그해 나는 아버지가 고구마 줄기 심으러 가자는 제안을 거절하고 친구들과 깡통 차기 놀이 중에 발목을 다쳐 3여 년간 절뚝거리며 고생하였다. 담임 선생 초등 3년인 1년간 통깁스를 하여 거의 학교에 다니지 못하였다. 그 시기에 초 3학년 때는 구구단을 외우는 시기였는데 배우지 못하였던 것을 알고 늦게서야 외우게 되었던 기억이 난다. 마을 친구는 학교에 오지 못하는 나에게 학교 도서실에서 책을 빌려 와 전달하여 독서에 재미를 키웠던 추억이 나에게 큰 도움이 되었다. 불안증이 심했던 어린 시절에 많은 생각과 명상으로 성숙하는 시기이기도 했다. 여객선을 타고 두 시간이 걸려 인근 도시에 농수산물을 팔고 필요한 물건을 사는 생활 영역이었다. 발목을 다쳤을 때도 아버지의 등에 업혀 여객선으로 시내 병원을 다녀왔었다.

여동생은 결혼 후 부산, 여수, 울산, 광양을 거쳐 서울 가까이 살고 있다. 환갑을 바라보는 나이가 되었고 조카들은 둘 다 미국에서 결혼하여 살고 있다. 그렇다고 말투를 서울 말씨를 쓰지는 않는다. 명절 때 만날 때면 담임 선생과 서툰 표준말 이야기는 어김없이 밝은 분위기를 바꾸는 입가심이다. 입술을 끌어당기고 고개를 숙이고 "아버지는 어디 가고 어머니는 어디 가셨어요." 그 말이 끝나면 모두가 하하하며 웃는다. 예쁜 여동생은 내가 직장을 잡자마자 미용학원을 등록시켜 미용사가 되었다. 평생 미용사로 살아왔다. 잘한 선택인지 모르겠지만 동생은 잘 살아왔다. 신앙심도 있고 자녀들도 축복받은 것 같다. 고향 집 대문 입구 장독대 앞에서 그 서툰 서울 말씨 흉내는 여동생 H를 기억하는 좋은 이미지로 기억에 남아 있다. 다시는 고향 집에 모여 살 수 없는 세월이 지나 모두가 떠나고 손주들을 돌보는 시기가 되었고 많은 추억은 어린 시절 힘든 부모 아래 살았던 그리운 시절로 기억된다.

여동생이 네 명이지만 H 동생은 손아래라서 대화가 되고 추억들이 많다. 부산에서 누님과 여동생들이 직장을 다니면서 생활하던 시기에 내가 소중히 여기는 사진과 앨범 등을 가져오던 H 동생이 모두 잃어버린 일이 있다. 광무동에 있는 가게에 맡겨놨는데 잃어버린 것이다. 지금도 그 생각을 하면 아쉬움이 밀려온다. 앨범과 사진이 없어서이다. 어린 시절이 기억나질 않는 것은 사진들의 영향도 있는 것 같다. 김 선생과 함께 학교와 소풍 때 촬영한 사진도 없어졌다.

담임이셨던 김 선생님은 세상을 떠나셨을 것이다. 우리 가족에게 남겨진 배려와 사랑의 모범은 큰 힘이 되었다. 서툰 서울 표준말로 시작된 우리 가족과의 인연은 남해안의 작은 도시에서 잘 알려지지 않은 남매에게 꿈과 용기를 주고 스승의 자상함을 기억하게 한다. 선생의 존함은 김종배 선생님이시다. (2022.2)

사랑하고 존경하는 정 형제님!

　뭐라 말씀을 드려야 마음에 위로가 되겠습니까마는 글을 올려야 겠다는 생각만으로 붓을 들어 슬픈 마음을 함께 나누고자 합니다.
　참척(慘慽)이라는 말을 알게 되었습니다. "자손이 부모나 조부모 보다 먼저 죽는 일"을 일컫는다고 합니다. "아내 잃은 남편은 홀아비, 남편 잃은 아내는 과부, 부모 잃은 자식은 고아라고 하지만, 자식 잃은 부모를 일컫는 말은 없다."라고 말하기도 한답니다. 오죽하면 참혹할 참(慘)에 슬플 척(慽)을 써서 참혹하고 슬프다는 말을 그대로 자식 잃은 부모를 표현하는 데 사용할까 합니다. 뭐라 표현해야 할지 모르겠지만 다시 한번 위로의 말씀을 드립니다.

　제가 태어나기 전에 2살 위에 누님이 태어났는데 돌을 전후하여 매우 아팠는데 병원에서 치료하였지만 사망하고 말았습니다. 그 충격이 얼마나 컸던지 부모님은 평생 그 슬픔의 그늘을 벗어나지 못하고 부부간의 불화와 마음과 육신의 병이 함께하였습니다. 어머니는 내가 성장하여서도 죽은 누님을 언급하며 눈물짓곤 하였습니다.

이순신 장군은 왜란 중에 3남 이면의 전사 소식을 듣고는《난중일기(정유년. 1597년 10월 14일)》에 슬픔을 다음과 같이 기록하였습니다. "나도 모르게 낙담하여 목소리가 나오질 않았다. 통곡하고 또 통곡하도다! 하늘이 어찌 이렇게 어질지 못하실 수가 있는가. 내가 죽고 네가 사는 게 올바른 이치인데 네가 죽고 내가 사는 것은 무슨 괴상한 이치란 말인가. 온 세상이 깜깜하고 해조차 색이 바래 보인다. 슬프다! 내 작은아들아, 나를 버리고 어디로 갔느냐!" 참으로 참혹하고 슬플 따름입니다.

사랑하고 존경하는 정 형제님! 이제 우리가 믿고 소망으로 살아가는 복음 가운데 큰 위로가 아닐 수 없습니다. 우리는 전세의 기억을 잃었지만, 모든 인류는 하나님 아버지의 영의 아들과 딸이라는 진리는 큰 기쁨을 줍니다. 그분과 같은 영화로운 존재가 되기 위해서 아버지께서 구원의 계획을 마련하셨고 그분의 모든 영의 자녀들이 지상에 부모를 통해 육신을 입고 태어나도록 하셨습니다. 오래전 인류의 조상 아담으로부터 말입니다.

지난 12월 5일 첫 주 간증에서 정 형제님은 여수지부 회원들에게 하나님께서 축복해 주신 간증을 하셨습니다. "아버지께서 도와주셔서 대학을 가고 취업하여 큰 축복을 받았는데 돌아보니 하나님이 계셨다고 하였습니다." 너무나 훌륭한 금식 간증이었습니다. 삶을 돌아보며 부모님의 도움이 결국 하나님의 큰 축복이었다고 간증하셨습니다. 아마도 여수지부 모든 회원의 마음속에 강하게 남을 간증이었습니다.

  태어나고 다시 장막 저편으로 가는 일이 구원의 계획에 포함되어 있다는 것을 생각할 때 많은 것을 생각합니다. 삶을 경험이고 또한 시련 가운데도 의를 따르고 자신을 증명해야 한다는 것을 생각하면 겸손해집니다. 이 모든 시험 가운데 하나님이 우리에게 주실 축복이 크다는 것도 감사할 일이라고 생각합니다. 하나님의 위대하신 구원의 계획 앞에 그분의 자비가 우리 모두에게 있다는 것에 또한 감사드립니다.

  저가 글을 쓰는 공부를 하고 있습니다. 정 형제님께서 발간한 에세이집을 가끔 보고 있습니다. 저에게 큰 모범입니다. 저도 퇴직이 3년여 남았습니다. 퇴직 후 글을 쓰는 일이 의미 있는 일로 책을 만들고자 합니다. 생각이 많고 시련과 고난 가운데 살아온 삶 가운데 하나님이 저를 준비시키고 그분의 보호 속에 살아왔다는 것을 알게 되었습니다. 모두가 그분의 자녀이니 그분을 바라보고 구하고 두드리는 자 모두에게 가장 좋은 것을 주신다는 것도 배웠습니다. 책 쓰는 일에 모범을 보여주셔서 감사드립니다.

12월 성탄절기에 올해 한 해가 저물어 가고 있습니다. 새해에도 건강과 함께 모든 일과 뜻에 하나님의 은혜와 축복을 기원합니다. 사랑합니다. 존경합니다. 마음에 큰 평안이 함께하셔서 변함없이 안식일에 지부 회원들과 함께 예배드리고 토론하며, 간증하는 시간이 계속되기를 소망합니다.

정 형제님 감사합니다. 메리 크리스마스! (2021.12)

쟁기질과 10·26

할아버지가 되고 퇴직을 앞두면서 삶을 되돌아보는 시간을 자주 갖게 된다. 특히 어린 시절 고향에서 부모에게 양육 받고 훈육받던 추억이, 잊히지 않고 남아 있는 일들이 기억난다. 반농 반어촌이었던 고향의 봄날은 진달래와 야생화로 온 마을에 꽃향기가 가득했다. 산벚꽃나무가 소나무 숲 사이로 장식한 빙 두른 숲속 풍경은 무릉도원으로 생각되었다. 논 사이사이로 흐르는 실개천 방천에는 독새풀이 가득해서 소와 염소 먹이가 풍성했다. 개천에는 미꾸라지가 발걸음 소리에 멈추는 놈, 돌 틈으로 숨는 놈들을 보며 그들이 추어탕이 왜 되어야 하는지 궁금했다.

여름에는 마을 앞 해안가로 1리가량 방풍림 속 매미 합창 소리는 숲속에 메여 되새김질하는 마을 소들의 쉼터였다. 무더운 날 점심을 먹고 소먹이로 마을 동산으로 이동하여 산에 소들을 풀어놓아 배를 채우게 한다. 앞뜰 논에는 벼들의 푸름이 짙어가고 논두렁에 꽃뱀은 개구리 사냥을 준비한다. 방학 때가 되면 소먹이가 일과가 내 임무가 되었다. 소 한 마리는 보통 가정에서 재산 1호였다. 논밭 갈이에 없어서는 안 되는 농사꾼이고 송아지를 낳으면 자녀들 학교 학비를 감당하는 은행 통장과 같았다. 밭에는 고구마, 콩, 깨, 고추 등 어머니 손길이 없으면 안 되는 곡식들이 자란다.

　방학이 끝나면 추석과 가을걷이의 시간이 다가온다. 매년 가을걷이 농사철이 오면 가난과 가족에 관한 생각으로 고뇌하는 시간이 많았다. 그런 어느 쓸쓸한 가을날이었다. 아버지가 고구마밭을 쟁기질하고 지나가는 뒤를 따르며 고구마를 모으는 일을 하고 있었다. 아버지는 밭일할 때마다 밭 가에 라디오를 켜두고 일을 하셨다. 그날은 10월 27일 토요일, 반공일 날이었다. 라디오에서 갑자기 박정희 대통령의 서거를 발표하면서 모든 방송을 중단하고 온통 박 대통령 관련 수사 발표, 치적 등이 계속되었다. 어린 마음에 들으면서 슬픔이 밀려왔다. 아버지는 밭갈이 쟁기를 세워두고 밭 가장자리 돌담에 앉아 걱정스러운 모습으로 귀를 기울였다. 1932년생이었던 선친은 일제 강점기와 여순사건, 6·25를 겪은 경험이 큰 폭풍이 밀려오는 듯 걱정이 되는 말씀들을 하셨다.

나라에 큰일들이 일어나면 나서지 말아야 한다. 이웃에 누구네 부친은 여순사건 때 지도자로 일하다 잡혀서 행방불명되고 아직도 어디서 죽었는지 모른다고 하셨다. 일제 강점기 때와 동학 농민 혁명 때도 인근 마을 사람들이 지도자였는데 잡혀서 화형을 당하고 목을 베이고 수장도 당했다는 말도 해주셨다. 내가 성장해서 이 내용을 알아보니 여순사건 때 분은 친구의 할아버지셨다. 대전까지 끌려가서 집단을 학살된 매장지가 알려지고 최근에 국가로부터 보상을 받고 명예가 회복되었다. 동학 농민 혁명 때 화형과 수장을 당하신 분은 이웃 서촌마을 두 김 씨로 사촌간이었다고 한다. 농민군 지도자로 종형은 화동마을 현 농협 건물 대지에서 화형을 당했다고 한다. 동생이었던 분은 여수 앞바다 장군도 목에서 수장되었다고 한다. 마을 뒤 동성산에서 관군과 농민군의 전투에서 농민군이 전멸되었고 그 시신들을 옛 화남초등학교 옆 해안가 도로변에 큰 무더기의 돌무덤으로 매장했다고 한다.

　선친은 내 성격을 염려하면서 세상에서 살아가면서 함부로 나서지 말라는 것이었다. 우리 도시에 여순사건으로 회자하는 말이 "모난 돌이 정 맞는다."라며 침묵하고 나서지 말고 뒤에 서서 있으라는 교훈 아닌 교훈의 말이 사람들의 삶을 지배한 적이 있다. 거슬러 올라가면 고려 때 여수현 마지막 현령이 이성계의 역성혁명에 반대하여 현이 폐현되어 500년간 인근 군현에 배속되었다. 현민들이 500년간 현을 복현 하고자 노력한 삼복삼파 사건도 그러한 역사적 맥락이다.

다음 날도 고구마밭에서 선친과 함께 일을 했다. 라디오에서는 박 대통령을 시해한 김 중앙정보부장 이야기와 합동수사본부장의 수사 발표 내용이 반복적으로 흘러나왔다. 그 당시에는 총에 대한 개념 부족으로 마을 인근 사격장에서 군인들이 사격할 때마다 총소리가 산울림과 반복되는 굉음에 공포스러웠다. 경찰관이나 군인들을 보면 왠지 두려움과 무서움이 컸던 어린 시절에 부하가 대통령에게 총을 쏘아서 죽였다는 것이 믿기질 않았다. 서울로부터 멀리 떨어진 남해안의 어촌에서 감이 오질 않았다.

마을 이웃 어른들은 가을걷이와 겨울을 나기 위한 땔감 마련을 위해서 손길이 바빴다. 나라에 큰일이 일어났지만, 생계를 이어가는 부모님과 마을 주민들은 소가 소마구에서 겨우내 먹을 풀들을 쌓아두는 일도 큰일들이었다. 건강이 좋지 않았던 선친을 대신하는 어머니는 항상 힘든 삶이 이어졌다. 그해 가을과 겨울 내내 우울한 계절이었다. (2021.10)

3부

장수만의 추억

　민물 때, 널찍한 장수만(長水灣)은 빛나는 거울마냥 잔물결에 햇살이 반사한다. 수평선 10리 밖에 닭섬, 윗꽃섬, 아래 꽃섬이 해무 너머로 거무스레 보인다. 섬 앞을 작은 어선이 멈춘 듯 검은 점 모양 지나간다. 마을이 가까울수록 네모 모양 굴 양식장은 줄다리기 하듯 물결 아래로 숨었다 위로 솟아오른다. 선착장 좌우로 줄지어 있는 어선들은 햇살을 이불 삼아 졸린 듯 뱃머리를 흔들고 있다. 갯가를 거닐며 400년간 잊힌 삶들을 더듬는다.

　조상들은 300여 년 전 인(仁) 자, 하(夏) 자 할아버지가 인근 마을 이 씨 딸과 결혼하여 조선 초 풍습에 따라 처가댁에 살다가 같이 이영산 기슭 이씨 문중에 묻혔다. 이때가 임진왜란과 정유재란으로 쑥대밭이 되던 시절이다. 순천부 감목관에 근무하던 모든 관리들이 전쟁에 나가 죽고 가족들도 예외가 없이 병들고 굶어 죽는 시기였다. 그 이후 후손들은 장수만을 떠나지 않고 농사와 어업을 하면서 살아왔다.

친할머니도 금녕 김씨로 장수만 권역에 살았고 조모의 어머니는 인근 섬 낭도의 유 씨였다. 유 씨 할머니 모친은 고흥 남열리의 마 씨였다. 어머니의 조상은 밀양 박씨로 흥(興) 자, 여(汝) 자 할아버지가 충남 옥천에서 내려와 장수만 인근 마을에 집성촌을 이루었다. 외조모도 인근 마을의 경주 김씨이다. 외조모 모친은 인근 마을의 광산 김씨이다. 대부분의 조상은 장수만을 중심으로 화양 남부 지역에 집중되어 있다.

어린 시절 인근 도시 여수로 가는 길은 여객선을 이용하여 다녔다. 고흥군 나로도에서 출발한 배는 장수만을 돌아 왕복하였다. 오지인 장수만권은 초등학교 5학년이 돼서야 전기가 들어오고 중학생 때 버스가 다녔다. 초등학교는 있었으나 중학교가 멀리 있어 인근 섬으로 장수만을 매일 왕복하여 통학선으로 학교를 다녔다.

초등학교 시기에 장수만은 잊을 수 없는 추억을 안겨주었다. 선착장 왼쪽 해안가는 썰물이 되면 삽질을 하여 바닷가재가 살고 있는 손가락이 들어갈 구멍에 된장을 넣어두면 가재가 밀고 올라온다. 고향 방언으로 '쏙'이라 불린다. 쑥대 가지를 꺾어 구멍에 넣고 오르락내리락 자극을 주어도 쏙이 밀고 올라온다. 자녀들이 자랄 때 가장 먼저 갯벌 체험으로 함께했던 활동이었다. 마을의 어촌계에서 정기적으로 영을 튼다. 이는 조개와 어패류를 채취하여 주민들이 먹고사는 데 도움이 되었다. 낙지를 잡고, 개지, 피꼬막, 꼬막, 조개, 장어 등을 잡았다. 즐겁고 신나는 일들이었다.

 겨울 바닷바람은 온몸을 움츠러들게 했다. 방풍림을 뚫고 몰려오는 칼날 같은 찬바람은 얼굴에 붉은 동상을 일으키고 세상의 매서움을 경험하듯 마음 깊숙이 두려움을 심었다. 가난과 가장들의 농한기 도박은 가정들의 불화와 상처를 심었다. 거리에는 술에 취한 어른들의 모습이 그분들의 이미지가 되어 다가왔다. 어린 순수한 마음에 이러한 잘못들을 개선코자 노름 장소 가게 벽에 권고문을 써서 붙이는 정의로움도 있었다.

 두 딸과 세 아들을 둔 가장으로 어린 시절 장수만의 추억을 더듬으며 밀려오는 두려움을 하나님께 기도드린다. 자녀와 후손이 복음을 이해하고 그분의 입에서 나오는 모든 말씀대로 살고자 하는 소망을 갖기를 마음으로 손을 모은다. 신앙이 있다면 모든 것을 견딘다는 것이 나의 신앙이다. 장수만 깊숙이 추억에 잠기듯이 또 하나의 성약 속에 겸손으로 주를 바라본다. 아~ 장수만의 기억이 나의 조상들의 삶의 영역이구나. 주께서 허락한 모든 것에 감사드린다.

썰물 때의 장수만 풍경은 빨리 변해간다. 선착장에 메여 있던 배들은 갯벌 깊숙이 잠들고 그 사이로 작은 게와 짱뚱어가 축제의 춤사위로 가득 채워 숨겨진 용궁의 마당을 드러낸다. 양식장 말뚝 사이로 무거운 굴 덩이가 축 늘어져 햇살에 말라가고 멀어져 가는 바닷물의 만남을 기다린다. 점 같던 어선은 친구들과 놀이하듯 셀 수 없이 모였다. 수평선에 줄 서 있는 섬들이 반짝이는 빛에 모습을 드러내고 꽃섬 배 씨네, 장 씨네 집들이 보인다.

함께 살았던 할아버지, 아버지 세대 어르신들은 세상을 떠난 지 오래되었다. 어부는 몇 사람도 안 된다. 아는 이도 줄고 장수만의 추억 속 이름을 아는 이도 보이지 않는다. 싸늘한 바닷바람이 갯내를 풍기며 세상의 두려운 어두움을 봄을 향해 날려 보낸다. 방풍림 숲 앙상한 굴참나무 비트인 마지막 잎들은 바람 따라 손에 잡힐 듯 나에게로 달려온다. 멀리 지나온 갯가 길을 되돌아와 차에 올라 장수만의 추억을 싣고 집으로 달린다. 장수만은 300년을 아침저녁으로 바닷물 파란 큰 천을 말았다가 펼쳤다가 쉼이 없이 살아왔듯이 오늘도 그렇게 살아 있다. (2021)

인례표 기장떡

　새벽녘 서쪽 망매산으로 지는 조각달 앞에 서면 죄송하고 그리운 어머니가 생각나곤 한다. 어머니는 55세에 장막 저편으로 떠나셨다. 명절이 되면 마을 논두렁 길을 지나 망매산을 넘어 외갓집을 다녀오셨다. 산길은 깊은 숲에 쌓여 있었다. 그 길을 더듬으면 숲속의 맑고 아름다운 뻐꾸기 노랫소리가 피아노 소리처럼 외갓집 가는 추억을 대신한다. 2남 2녀 중 셋째 딸로 사랑받으며 자란 어머니는 넉넉한 집안의 아버지와 결혼 후 집과 전답, 산을 유산으로 받아 이웃 마을로 분가했다.

　하지만 둘째 누나가 돌 지나서 병원 치료를 받았지만, 하늘에 별이 되면서 부모님은 마음의 병과 가정의 어두운 그림자에서 빠져나오지 못하고 아버지는 병을 얻게 되었다. 조그마한 사업을 하였지만 크게 성과를 얻지도 못하였다. 내가 셋째로 태어났을 때 두 딸 후에 얻은 아들이라 10리 거리의 한약방에서 약도 지어서 어머니를 축하도 하고 힘을 북돋웠다. 가정에 그늘진 어두운 그림자는 어린 나도 느낄 수 있었다. 나는 가정이 밝고 평화로운 것을 구했지만 그렇지 못했다. 자라면서 반항심도 생기고 두려움에 부모님이 말씀하시는 것에 거역하는 것으로 내 의사 표현을 하게 되었다.

초등학생이 되면서 독서를 좋아하게 되었다. 책을 읽으면 행복하고 기쁨이 넘쳤다. 책이 너무 좋아 책과 관련된 일의 직업을 꿈꾸는 어린 시절이기도 하였다. 그런 4월 어느 봄날 부모님은 흐리고 보슬비가 내리는 날에 고구마 순을 심으러 가자고 말하였다. 내 의사 표현의 한 방법으로 반항심이 발동했다. 그날은 친구들과 깡통 차며 술래놀이, 축구하는 기대가 가득한 날이었다. 부모님과 밭에 가지 않고 반나절을 즐겁게 놀다 지쳐서 2미터가량 높이의 돌담 아래 등을 기대고 쉬고 있었다. 술래가 사람을 찾으러 간 사이에 2살 많은 동네 형이 깡통을 차려고 돌담에 기대어 앉아 있는 나를 발견하지 못하고 빠르게 뛰어내렸다. 내 왼쪽 발목으로 뛰어내린 것이다. 순간 큰 통증과 함께 일어설 수가 없었다. 공포심이 떠올랐다. 고구마 순 심으러 가자는 부모 말을 거역한 것이 잘못되었다는 것과 아픔의 강도가 심하게 다친 것 같아 두려움이 밀려왔다. 부모님에게 꾸중을 들을 생각에 무서웠고 내일 당장 학교는 갈 수 있을

지 여러 가지 생각들이 마음의 통증만큼 밀려왔다.

　이웃 어른들이 달려왔다. 발목을 부여잡고 있는 나를 등에 업고 집으로 데려다주었다. 잠시 후 부모님이 놀란 모습으로 들어와 꾸중보다는 발목을 살펴보았다. 퍼렇게 부어오르는 발목을 찬물을 부은 세숫대야에 발을 담가 아버지가 주물러 주셨는데 통증이 너무 심해 많이 울었다. 이삼일 동안 민간 치료를 받았지만 부기가 더 심해지자. 이웃들이 시내 병원에 다녀오기를 권하였다. 고향은 육지이지만 바다로 운항하는 여객선에 승선하여 한 시간 30분이 걸려서 시내 병원을 갈 수가 있었다. 마을에서 여객선을 타는 선창까지는 2km를 걸어서 가야 했기에 아버지의 등에 업혔다. 어머니가 가는 길에 먹으라며 봉지 하나를 주는데 따뜻한 기운이 있었다. 어머니는 기장떡이라고 말했다. 어린 시절 식성이 아버지를 닮아서 콩국수, 팥죽, 떡 등 밀가루 음식을 좋아했다. 기장떡은 큰댁과 외갓집에서 큰 행사가 있을 때 먹었지만 배가 부를 만큼 먹어보지는 않았다. 아버지 등에 업혀 여객선 선창까지 가는 길은 꽤 긴 시간이었다. 등에서 기장떡을 먹기 시작했다. 세상에서 이렇게 맛있는 떡이 있을지 의문스러운 맛이었다. 아버지께 드시라고 드렸지만 내게 먹으라고만 하셨다. 아버지의 목덜미로 흐르는 땀을 보면서 초등학교 3학년인 내가 키가 크고 많이 무겁다는 것을 알았다.

　태어나 아버지로부터 가장 많은 사랑을 느끼는 순간이었다. 감사함과 죄송한 마음에 다시는 부모님과 선생님에게도 반항과 불순종을 하지 않겠다는 결심은 지금까지 내 삶의 방식에 중요한 모토가 되었다. 병원 진단은 심각한 골절로 석고 깁스 7개월을 하였다. 결국 초등학교 3학년은 학교에 다니지 못하고 집에서 좋아하는 책 읽기로 많은 시간을 보내었다. 부모님은 나무라지 않았다. 맛있는 음식, 그리고 병원 갈 때 기장떡을 허겁지겁 먹어치웠다는 아버지의 말에 어머니는 기장떡을 자주 쪄주셨다.

철없이 맛에만 심취했던 난 기장떡을 만들기 위한 정성을 뒤늦게야 알게 되었다. 찹쌀을 절구통에 손수 찧어서 가루를 만든 후에 막걸리 술과 물로 반죽하였다. 그런 후 따뜻한 방 아랫목에 두고서 반나절을 발효하는 것이다. 가마솥에 물을 붓고서 위에 시루 찜기를 설치한 후 부풀어 오른 반죽을 넣고 예쁜 색깔의 팥을 넣은 후 적지 않은 시간 불을 지피고서야 맛나는 기장떡이 완성되었다는 것을.

세월이 많이 흘러 20대 중반에 지역을 위해 일할 수 있는 직업 공무원이 되었다. 어머니는 기쁨과 사랑의 표현으로 기장떡을 만들어 주셨다. 그때는 입맛이 변했는지 그렇게 많이 먹지 못했었다. 어머니는 지금 곁에 계시지 않는다. 공무원이 된 지 2년 후 중한 병이 드셨기 때문이다. 병이 드신 지 1년 만에 너무나 빨리 우리 곁을 떠나셨다. 마음의 준비가 되지 않은 사회 초년생이었던 나에게 하늘이 무너지는 충격이었고 절망 그 자체였다. 벌써 가신 지가 30년이 지났다. 어머니가 돌아가신 충격이 커서인지 언제부터인가 기장떡을 먹지 않게 되었다. 시험 합격 소식을 듣고 그렇게 기뻐하셨던 어머니가 그립다. 공직 생활도 2년여를 앞두고 있다. 고향에서 공직을 마무리하고 싶다. 시작도 그랬듯이 말이다. 어머니가 살아계셨더라면 퇴직을 앞둔 내게 등 두드려 주시며 역시 기장떡을 해주셨으리라. 떡을 먹기 전에 "어머님 감사합니다. 사랑합니다. 죄송합니다."라고 하면서 큰절을 올렸을 것이다. 아버지 등에 업혀 꿀맛 같았던 그 "인례표 기장떡"을 입맛 살려서 소쿠리 한가득 다 비울 수도 있었을 텐데. 그리운 어머니는 꿈에서 한 번도 뵙지 못했으나 지난해 연말 직장에서 힘든 오후를 보내면 잠시 눈을 감고 눈을 떴을 때 시현처럼 앞에 말없이 서 계시는 듯한 모습을 보았다. 항상 곁에 계신다는 느낌을 받았다. 아내에게 "엄마표 기장떡"을 만들어 보자고 이야기해야겠다. 그리고 주말 시간을 내어 어머니 함자 박(朴) 자, 인(仁) 자, 례(禮) 자의 비석이 서 있는 산소에 다녀와야겠다. (2023)

하루의 주인

 오늘 하루를 성공하고 실패하는 것은 내 책임일까? 아니면 다른 이의 책임일까? 하고 성찰하듯 명상하고 보면 내가 하루를 계획했다면 내 책임이 되는 거고, 그렇지 않고 계획 없이 하루를 보냈다면 나와 관계없는 하루가 되도다. 삶에 가을이 왔고 열매를 거두어야 하는 시기이지만 아직도 씨앗을 뿌리고 거두어야 할 날들이 많은 것을 인식하다 보면, 하루하루가 나에게 주어지는 목적은 무엇인지? 지구의 자전 때문이라고 말하기도 그렇고 먹고살기 위해서라고 답하기도 그렇다. 오늘도 하루가 시작되어 낮에 직장에서 열심히 일하고 있다. 나의 하루는 자녀들이 교육을 마치고 자립을 할 수 있도록 돕는 역할을 한 지 30년이 지났다. 가정을 경영하고 내 삶의 목표에 다다르기 위한 큰 노력을 채워주는 하루이다. 하루는 시간을 나누고 시작과 끝을 만들고, 해가 뜨는 채움과 어둠을 비우는 물레방아와 같다. 어떤 이는 태어나는 날이기도 하고 또 다른 사람은 휘장 저편으로 가는 날이기도 하다.

영원이라는 시간을 인식하기란 어렵다. 1,000년이라는 시간도 그렇다. 하지만 하루의 시간은 내 손안에서 계획하고 인식하고 조정하면서 자신만의 값진 날을 만들 수 있다. 사랑하는 사람에게 큰 기쁨을 만들어 줄 수 있는 충분한 시간이다. 불편한 관계의 이웃에게 용기를 내어 화해하고 용서할 수 있는 긴 시간이다. 한 권의 책을 읽고 인생이 변할 수 있는 값지고 영원한 시간이다. 가족과 반복되는 하루를 또 다른 사랑으로 채울 수 있는 시간이고 공간을 초월하는 하루를 만들 수 있는 시간이기도 하다.

오늘은 영원한 시간 속에 있다. 나의 존재를 인식할 수 있는 거울이기도 하다. 하루가 7일이 되어서 한 주가 되고 주말 쉼의 시간은 특별한 하루들이다. 30일이 한 달이 되고 봉급날은 더욱 특별한 하루다. 한 달이 쌓여 열두 달인 365일이 되면 1년이 되어 나이가 바뀌고 그 세월이 열 번이면 강산이 변한다는 10년이 된다. 누구는 졸업을 기다리고 누구는 결혼을 꿈꾼다. 그 모든 것이 이루어지는 그날이 하루이다.

10년이 다섯 번 지나고 여덟 해가 지난 올해가 세상에 태어나 경험한 59년에 접어들었다. 2만 1,170일이 된다. 오늘 하루도 계획된 시간을 채우는 중이다. 값진 일로 글을 쓴다. 돌이킬 수 없는 하루를 완성해 나가는 의미 있는 날이다.

예닐곱 살 되던 여름밤 평상에 누워 밤하늘에 총총히 밝힌 별 무리를 바라보며 상상의 여행을 했던 시간을 기억한다. 시야를 태양계로 돌려볼 때마다 또 다른 하루에 관한 질문을 던져본다. 우리의 삶에 생물학적 정서적으로 영향을 미치는 태양의 하루는 지구의 며칠에 해당할까? 이처럼 달의 하루는 지구의 며칠에 해당할까? 주변 사람에게 자주 이런 질문을 하면 대부분 생뚱맞다는 반응을 한다. 나는 하루의 규정인 지구와 달, 그리고 태양의 시간적 차이를 묻고 싶은 것이었다. 아시겠지만 태양의 하루는 365일이다. 달은 30일쯤 된다. 자전에 해당하는 날 수이다. 어려운 과학적인 이야기를 하고자 하는 것이 아니다. 유한적인 인간의 삶 속에서 하루가 주어진 의미를 탐구하며 시간의 개념을 인식하고자 하는 것이다.

절대자는 사람에게 하루를 통해 무엇을 깨닫기를 바랄까? 반복되는 하루를 통해 깊은 성찰로 무엇을 이해하기를 원하실까? 하루를 깨닫는다면 인생의 목적을 알 수 있지 않을까 한다. 하루를 발견한다면 스스로 행하는 신과 같은 창조의 능력을 갖춘 자신을 발견

할 수도 있다고 생각한다. 모두에게 똑같이 주어진 하루의 의미를 발견한다면 위대한 비전을 갖게 되질 않을까?

하루의 아침은 출생을 의미하는 의식과 같은 시간이다. 하루의 잠드는 저녁은 죽음을 의미하는 의식과 같은 밤이다. 하루는 사람의 일생을 축약한 날이다. 그 하루가 일생을 경험하고 깨닫게 하는 것이 아닐까, 한다. 이처럼 영원의 시간도 느끼고 인식하게 만드는 위대한 날인 것이다. 하루는 나의 날이다. 나를 만드는 날이다. 그 하루의 주인이 나이기 때문이다. 그 하루의 주인이 일생의 주인이다. 하루의 시작은 아침의 계획으로 시작하여 낮 동안 그 계획을 완성하는 반복된 날의 결과는 삶의 열매로 나타난다.

하루의 해 저무는 저녁이 오면 우리는 죽음과 같은 잠자리에 든다. 매일 아침에 태어나고 저녁에 죽는 연습의 날이다. 하루는 일생의 모습이다. 하루는 나를 알게 한다. 하루는 절대자에게 매일 시험을 보는 시험지의 한 문항이다. 이러한 생각에 미치면 절대자에 대한 감사하는 마음이 가득 차게 된다. 우리 각 개인은 창조자의 아들로 그러한 능력과 잠재력을 가진 주인이다. 우리의 조상과 아버지가 걸었던 그 하루와 그 일생을 오늘도 경험하고 배워가는 것이다. 하루의 주인인 나는 일생의 주인이고 영원한 주인이기에 그렇다.

내게 가장 기뻤던 하루는 언제일까? 곰곰이 생각해 본다. 젊었을 때는 만족함이 채워지지 않아서였는지 감사함도 기쁨의 기억들도 떠오르지 않았었다. 그런데 이제 기쁘고 행복했던 일들이 먼 기억 속에 줄 서 있는 모습이 끝이 없다. 하나를 불러 소개하자면 직장 시험에 합격한 일이다. 이 직업으로 아내를 직장에서 만나고, 결혼하고 가정을 이루고, 다섯 자녀를 선물로 받고, 하나님을 만나 또 하나의 성약의 책을 알고, 오늘에 이른 것이 합격의 그날, 그 하루가 시작된 그날이 일생을 만들었다.

기억하기 힘든 하루도 있었나를 생각해 보니 가장 큰 충격이 되고 상처가 되었던 하루가 기억난다. 10살쯤, 깊어져 가는 가을 저녁에 마루에 앉아 상을 차린 어머니가 날 부른다. "아들아. 밥 먹자." 방문을 열고 마루에 나가보니 흰쌀밥의 밥상이 놓여 있다. 엄마가 밥을 먹으라며 "까짓것. 뭔 소용이다냐. 밥이나 먹자."라고 하였다. 그 시기는 설 명절 때나 쌀밥을 구경하던 그러한 시절이었다. 어렵게 근검절약하시던 어머니가 크게 실망하여 모아둔 쌀로 밥을 지어 아들과 먹은 것이다. 그날은 낮부터 아버지와 어머니가 다툰 날로 난 불안하고 걱정되어 숨죽이고 방에만 있었던 날이었다. 부모의 불화가 나에게 마음에 큰 상처가 되어 치유되는 데도 많은 하루하루가 필요했다.

하루는 개인과 가족에게 역사가 된다. 기념일이 된다. 개인의 생일, 결혼기념일 등 추억의 날이 된다. 1년을 365일로 나누어 갖는 그런 하루가 아니다. 지상의 팔십억 명이 나누어 가지는 그런 각자의 하루. 하루의 주인들이다.

퇴근 후 저녁에는 아침에 계획한 하루를 돌아보리라. 아침 운동을 하고 또 하나의 성약의 책을 읽고 가족 기도를 드리고 출근하여 모두에게 온유함과 겸손함으로 존중과 친절한 시간을 채우고자 했던 일생과 같은 하루를 성찰하리라. 하루의 주인인 내가 주인의 역할을 잘한 주인이었나 스스로 질문을 던져 먹으리라. (2022)

비개등과 비봉산

나이가 들어 지나온 삶을 돌아보면 지금 생각해도 미소가 지어지는 일들을 기억하곤 한다. 36년을 지방정부에서 일한 까닭에 추억 아닌 추억도 그렇게 연관 지어진다. 1988년 군 제대 후 지방정부 시험에 합격하여 1989년에 수습을 마치고 고향의 면사무소에 첫 발령을 받았다. 3월 1일 자로 시보가 붙은 완전 초보 공직자였다. 24세로 나만의 철학으로 소신껏 살다가 공무원 조직에 들어와 성실하게 근무하고 시민을 위하여 제대로 봉사하기로 다짐하고 근무하던 한 달이 막 지난 시기였다. 봄이 되면 산불이 많이 발생하게 되어 시군 산하 읍면동은 구역별로 높은 산에 산불 발생 감시 초소를 설치하고 직원들이 낮에 휴일 없이 교대로 근무하고 있었다.

그 일이 발생한 날은 4월 5일 수요일이었다. 내가 근무했던 감시초소는 화양면 용주리 용문사가 있는 비봉산 정상이었다. 두 명이 감시활동을 출근 시간부터 퇴근 시간까지 근무하였다. 나와 함께 근무하는 선임은 멋진 풍채와 눈이 부리부리하게 큰 선배였다. 완전한 공무원의 모습으로 2대 8의 가르마가 인상적이었다. 전화기를 들고 산 아래에서 산길을 따라 용문사를 지나 정상에 오르는 길은 매우 가파른 산이었다. 솔잎이 쌓여 오솔길은 미끄럽고 덥기까지 했다. 정상에 오르니 헬기가 내릴 수 있는 헬기장이 벽돌로 H 모양에 흰 페인트가 선명하게 표시되어 있었다. 용문사에서 전화선을 연결하여 정상에서 가져온 전화기와 잭을 연결했다. 정상의 헬기장은 풀을 베지 않아 마른풀이 무성하였다. 선임 근무자는 정상에 도착하더니 평평한 곳을 찾아 누워서 한참을 잠을 잤다. 나는 멀리 창무 지역, 용주리, 이천리 등 시야에 들어오는 곳에서 연기가 나는지 감시하고 있었다.

한 시간 정도 되어 잠들어 있던 선임은 산 정상이라 찬 바람이 불면서 체온이 떨어지면서 춥다며 헬기장 지역을 돌더니 갑자기 "불이나 나버려라."라며 농담조로 라이터 불을 켜서 헬기장 마른풀에 붙이는 것이었다. 걱정이 되어서 "그러지 마세요."라고 하는 순간 산 정상에 바람이 몰아쳤다. 마른풀 위쪽으로 순식간에 보이지 않는 불길이 바람을 따라 번지는 것이었다. 선임도 나도 매우 당황

하였다. 나는 얼른 소나무 큰 가지를 꺾어 불길을 내리치며 끄려 했지만 바람이 이끄는 불의 번짐을 감당할 수 없었다. 선임도 나뭇가지로 하다 잡히지 않자 옷을 벗어 불길을 덮어서 끄려고 했지만, 옷으로부터 발생한 바람이 더 세져서 더 번지는 상황이 되어 헬기장은 순식간에 작은 갈대 풀이 타면서 많은 면적이 불바다가 되었다.

그 순간 '아~ 이 불길은 잡을 수 없겠구나'라는 공포가 밀려왔다. 선임은 불을 끄다가, 끄다가 불길이 잡히지 않자 맨손으로 풀과 흙까지 파고 얼굴은 공포를 넘어 혼이 나간 사람처럼 괴성을 질렀다. 내 머릿속엔 '산불을 감시하러 온 공무원들이 산불을 내다니'라는 책망의 목소리가 크게 울리면서 대책을 생각했다. 면사무소로 전화했다. 산불이 발생했다고 말하니 어느 지역에서 발생했느냐고 장소를 물었다. "비봉산에서 발생했다."라고 하자. 비봉산 아래에 전 직원들이 식목일 행사로 나무를 심고 있다고 했다.

전화를 끊고 계속 불길을 잡으려고 노력했지만 이제 나무들이 타면서 희고 검은 연기가 피어올랐다. 시간이 얼마나 지났는지 모르는데 젊은 직원과 면장이 오솔길에서 뛰어오더니 불을 끄기 시작했고 잠시 후 십여 명의 직원들이 몰려와 등짐 펌프와 산불 진압 장비 등으로 산불을 제압했다. 때맞춰서 바람이 소강상태가 되어 천만다행으로 주민들이 출동하기 전에 산불은 진압되었다. 불이 잡히고 면장이 가장 먼저 한 질문은 "아니 산불 감시 초소가 있는 산 정상에서 어떻게 산불이 났는지?" 큰 소리로 우리 둘에게 물었다. 나도 선임도 아무 말을 할 수가 없었다. 두 번, 세 번 물어도 답이 없자 면장은 화가 나서 날 쳐다보면서 "자네가 대답해 봐."라고 질문을 했지만 뭐라고 말할 수가 없었다. 그러자 선임이 "제가 실수로 산불을 냈습니다. 죄송합니다."라고 하자 부면장이 화가 나서 많은 책망과 함께 "대한민국에 처음 있는 일일 거다."라고 말하면서 면장을 모시고 다들 내려가자고 했다. 나는 전화기를 가져가서 인수인계를 해야 해서 전화기를 찾았더니 불에 타고 전선과 전화기 금속 부분만 남아 있었다.

그리고 몇 년 후, 고향 바닷가 양지바른 비개등(날갯등) 언덕에 부모님이 경작하던 천여 평의 밭이 있었다. 어머니가 돌아가시고 혼자서 경작하시는 아버지께 도움이 되고자 장모님께서 봄이 되자 밭에 씨를 뿌리기 위해 지난해 경작했던 옥수수, 고추나무 줄기 등을 정리하고 밭 가에서 태우기 시작했다. 바닷가 언덕 위라서 수시로 바람이 세게 부는 지역인지라 불길은 밭 위의 산으로 번지게 되었다. 아내와 장모님이 얼마나 놀랐는지 상상이 가지 않지만 역시 혼이 나간 듯 후유증이 심했다.

마을 이장이 발견하고 마을 방송으로 산불이 발생 사실을 알려서 크게 번지지 않고 다행히 산불은 진압되었다. 장모님이 얼마나 마음이 불편했을 것이며, 아내는 그 충격이 얼마나 컸겠는가. 비봉산과 비개등(날갯등) 산불 사건은 설마 하는 안일함이 산불로 번졌다. 갑자기 불어오는 세찬 바람만 없었다면 산불은 발생하지 않았을 것이다. 사람들의 삶에서도 세찬 바람들이 아주 많이 개입한다. 그 세찬 바람으로 오는 시련과 역경들도 산불처럼 진압할 수 있다. 진압을 위한 비봉산에서 경험으로 배운 것은 사람은 이웃의 도움 없이 살아가기 어렵다는 것이다.

이제는 직장을 떠나 퇴직하였다. 비봉산 모닥불 사건의 선임은 수년 전에 퇴직하였고 돌아가신 지도 오래되었다. 그리운 분이다. 비개등(날갯등) 따뜻한 모닥불의 장모님도 3년 전에 장막 저편으로 가셨다. 비봉산과 비개등(날갯등)은 동료 공직자와 마을 주민들이 잊히지 않은 추억으로 기억되고 있다. (2023)

마지막 당직

　예산팀장 서은주 씨, 학예사 손인희 씨, 건축직 유은아 씨와 일직 근무다. 36년간 공직에서 마지막 일직 근무를 했다. 일요일이어서 교회 예배 가는 날이지만 당직실에서 아홉 시간 근무다. 당직 근무는 두 달에 한 번씩 돌아오는 것 같다. 저녁에 근무하는 숙직이 있고 낮에 근무하는 일직이 있다. 숙직 반장은 팀장이 하고 일직 반장은 과장이 한다. 보통 네 명 정도가 근무한다. 당직 근무를 하다 보면 각종 민원 전화가 빗발치는 날도 많았다. 수돗물이 나오지 않는 일부터 집 앞 불법 주차를 견인해 달라는 등 개인 생활 민원에서부터 행려자가 발생하여 관내 생활시설에 수송해 주는 일까지 근무시간 동안 전화와 조치해야 할 일들이 많이 발생한다. 그래도 이 정도는 할만한 일이다. 술에 취한 시민이 밤이 새도록 전화로 괴

롭히는 일이 가장 힘든데 기어이 청사로 찾아와서 근무자를 난감하게 하는 일도 있었다.

20여 년 전까지만 해도 산불이 발생하면 직원들이 산불 진화 작업에 동원되었다. 숙직 근무 중에 작은 산불이 자주 발생한다. 산불 발생 때 읍면동 직원들이 제일 먼저 현장에 투입되어 불길을 잡았다. 이미 오래전부터 산불 발생 때 주민들은 구경꾼의 역할을 하였다. 물론 일부 주민들이 나서기도 하지만 산불은 읍면동 직원과 시군 공직자들의 책임이었다. 그러한 관행이 지속되면서 불행하게도 장흥군 지역에서 산불을 진압하던 공직자들 네 명이 숨지는 사고가 발생하기도 하였다. 우리기도 통합 전 대형산불로 화양면 봉화산 일대에 3일간 산불이 번져 아름다운 숲을 다 태우고서야 진화가 되었다. 당직 근무 중 산불이 발생하면 유관기관 보고, 상황 파악, 피해 상황 등 밤을 새워서 근무한다. 교대 시간이 되면 녹초가 되어 집으로 퇴근한다.

마지막 당직일 적에 차분하게 앉아서 책을 본다. 안식일이라 경전을 니파이전서 9장까지 읽고 연구했다. 기쁘게 시작한 하루였다. 아내와 자녀들이 신앙이 있어서 겸손하게 복음에 따라 살아가는 삶에 감사해서이다. 시간은 흘러 공직 생활 36년을 채워간다. 인생 3막을 생각하면서 이런 생각 저런 생각을 검토해 본다. 퇴직 후 창업을 검토하지만, 신앙과 복음에 따라 살기 위해 단순한(봉사와 평안) 삶을 사는 것도 함께 검토한다. 시내 집과 고향 집 수리와 밭과 산을 정비하는 것을 검토도 해본다. 개인 연구소와 사업으로 가공분야 사업도 검토한다. 운동과 신앙생활로 승영을 이루고 후손의 자립을 도와야 한다는 생각도 한다. 그저 감사할 뿐이다. 가족에게도 모든 이웃에게도 감사한다. 무엇보다도 신앙인으로 구주께 감사드린다.

젊은 시절 그 무엇보다도 우선하여 지역을 위한 공직 생활에 최선을 다했다. 공직에 빠져들었고 몰입한 삶을 살았다. 천상 공직자 생활이었다. 생활을 단순화하고 정치적 종교적 중립을 지키며 모든 시민을 사랑하는 마음에 동기로 일했다. 공적인 것을 앞세웠다. 사적인 것은 없는 듯 살았다. 2012 여수세계박람회 개최를 전후하여 축제 및 관광개발 팀장 시기엔 4년 동안은 휴가를 쓰지 못했다. 이해할 수 없는 일이라 생각들 하겠지만 그렇게들 공직에서 근무한다. 그 시기에 초등생 막내가 중학생이 되어버렸었다. 아빠 없는 휴가철에 아내의 역할이 컸다. 막내는 5월 거북선 축제에서 소년 이순신이 되어 있었다. 아버지인 나는 소년 이순신 장군 선발에 나간 줄도 모르고 공직에 일하고 있었다.

마지막 당직 근무다. 그리울 것이다. 많은 분이 보고 싶을 것이다. 시간이 삶을 흘려보낸다. 시작이 있었고, 밝은 빛과 깊은 어둠도 있었다. 이제 끝을 끌어 올린다. "감사합니다. 시청 당직실 누구입니다. 시민 여러분 안녕히 계십시오." (2024.10)

망향비

여수 지역은 망향비가 많다. 대표적인 곳이 동양 최대 규모의 석유화학 국가산업단지가 있는 삼일동이다. 삼일동은 역사가 깊다. 문헌에는 백제의 원촌현에 속하였고, 통일신라 때는 해읍현에 속했다. 고려시대에는 여수현 삼일포 향으로 불렸다. 유적과 유물을 살펴보면 삼일 지역의 역사는 더 깊고 위대하다. 기원전 1,000년 이전의 청동기 유적과 유물이 많이 발굴된 곳이다. 그 대표적인 유물이 비파형 청동검이다. 고조선 유물을 대표하기도 한다. 또한 지석묘(고인돌)가 많은 지역이다. 여수는 2,000여 기의 고인돌이 많은 지역이다. 전남지역의 30%를 차지한다.

여수국가산업단지는 1967년부터 조성을 시작하여 최근 2022

년까지 조성을 완료하였다. 이에 따른 주민 이주는 여수국가산업 단지가 있는 삼일동 10개의 법정동 중에 7개의 법정동의 6개 마을 1,791세대 5,956명의 주민이 이주를 시작하여 2008년에 마무리되었다. 시내 죽림 등 이주택지로 집단 이주한 주민들은 매년 고향을 찾아 돌아보면서 망향비와 마을 역사를 비에 새겼다.

산단로 도로변과 이면 도로에는 자연 마을을 중심으로 다수의 망향비와 작은 공원이 조성되어 있다. 고향을 추억하는 시(詩)비가 세워져 있다. 여수국가산단 조성으로 이주한 적량동 상적마을의 망향시다.

적량동 상적마을 망향시

흰 구름 떠도는 영취산 아래,
솔구재 넘나들던 어린 시절이,
이제 와 생각하니 애달프구나.
그 누가 수구초심이라 했던가?
광양만 푸른 물은 예나 다름없는데,
그 시절 그 사람들은 간 곳이 없네.
그 옛날 끈덕바위 지석은 간 곳이 없고,
정월 대보름 추석 한가위 다정한 정들,
숲들, 정자나무, 모두들 찾길 없네.

공장의 굴뚝은 연기만 새롭구나…

　이 시는 당시 마을 이장을 지냈고 그 후 여수시의원과 향토 사학자로 봉사한 최현범 선생이 1991년 2월에 지은 시였다. 상적마을 저수지 제방 도로 입구(삼거리)에 있다. 1988년 낯선 타향으로 떠났던 주민들을 그리워하는 마음에 공감하게 한다.

　며칠 후 점심시간에 동료들과 산책 장소로 인근 선소 지역을 다녀왔다. 그곳에도 조선시대 순천부 선소 지역 유적지 조성으로 이주한 주민들의 비가 보인다. 눈에 띄는 문구가 마음을 뭉클하게 한다. "우리의 정든 고향을 떠나면서"의 망향비를 읽고 사진 촬영을 했다. 뒷면 주민들의 이름도 담아보았다. 선소 앞바다에는 청둥오리 떼 무리가 수백 마리는 물 위에 모여 있었다. 따뜻하고 공기가 맑아 살기 좋았던 선소 마을을 대변하는 듯 물새들은 항상 찾아오는 듯하다.

　어느 날 저녁 식사 후 아내와 "하늘길 공원"으로 걷기 운동을 했다. 이곳도(덕충동) 박람회 개최 기간 중 종사자 숙박시설을 조성하면서 주민들이 이주한 마을이다. 마을 언덕 위로 공원과 망향비가 세워져 있다. 멀리 남해가 보이고 오동도와 2012 여수세계박람회장, 자산공원이 아름다운 사진을 걸어둔 것처럼 보인다. 알고 지내는 선배님도 이곳을 떠나 다른 지역으로 이주하였다. 만나기 힘든 이별들이다.

오래전 저수지 조성으로 수몰된 마을 주민들이 배를 타고 저수지를 돌아보는 방송을 본 적이 있다. 그들은 강 위에서 마을 위치들을 더듬었다. 이곳이 집터이고 저쪽이 소마구와 헛간 그리고 우물터라며 삶의 터전에 대한 추억으로 눈물이 번지는 것을 보았다. 나이가 들어가는 것인지, 얼마나 공감이 가던지 나도 눈시울을 적셨다.

나도 고향 바닷가에 어린 시절 추억이 깃든 언덕 위에 부모님이 경작하던 큰 밭이 있었다. 부모님이 딸기를 많이 재배하여 시내로 팔러 다니고 방과 후 밭일을 돕던 추억이 있는 밭이었다. 시군 도로가 국도로 확장되면서 밭의 70%가 편입되어 사라져 버렸다. 부모님 흔적이 사라졌다는 허전함과 아이들과 함께 심은 과일나무 등이 사진으로만 남아 있는 것이다. 자녀들과 과일나무를 심고 가꾸던 사진들을 보고 있으면 마음에서 허전함이 밀려온다. 마을이 아닌 경작하던 밭이 도로로 편입되어 일부가 없어져도 추억에 대한 상실감이 이렇게 큰데 이주민들의 마음은 치유가 필요하겠다는 생각이다. (2021.4)

투자박람회과 직원 여러분께

조직 개편으로 투자박람회과의 팀들이 3개 부서로 통폐합되면서 직원들과 아쉬운 이별을 해야 했다. 사무가 여유가 있어서 직원들을 위한 도서도 구입하고 팀별로 현장 벤치마킹도 많이 다니게 했던 부서이다. 조례와 시책도 많이 개발하여 성과를 내었다.

투자박람회과 팀장님, 주무관 여러분!
오늘 인사 발표가 있었습니다.
마음이 기쁜 분 또는 마음에 상처와 좌절을 느끼는 분도 있을 것입니다.
위로를 드립니다.
세상은 불공정이 존재합니다.

마음을 추스르고

건강관리

자신의 역량 강화

가족 행복

재능 계발 등에 집중하면서

자신을

더 성숙하고

품격 있는 삶을

만들어 가십시오.

마음이 무겁습니다만

그러려니 하시고 살아갑시다.

1년간 고생들 많이 하셨습니다.

안순금 팀장님, 김상헌 팀장님, 권미선 팀장님, 서옥란 팀장님, 황경화 팀장님, 김창현 차장님, 명성원 차장님, 김동현 차장님, 이정란 주무관님, 박민선 주무관님, 신혜진 주무관님, 신은정 주무관님, 박태임 주무관님, 선명진 주무관님, 임은재 주무관님, 성은정 주무관님, 오종혁 주무관님, 박미아 주무관님, 주경종 주무관님.

만나서 반가웠고 함께 근무할 수 있어서 좋았습니다.

정직한 행보가 마지막에 승리합니다. 공직의 길을 따르면 반드시 하늘은 도울 것입니다.

좌절하시지 말고 인내와 연찬으로 담당 사무에 대한 최고의 전문가가 되십시오.

인사와 직장 문화에서 불공정이 존재합니다. 그것을 받아들이십시오.

이를 극복하는 방법은 어떤 사무의 최고 전문가가 되는 것입니다.

이는 탁월한 전문가가 되어야 합니다.

그럴 때 조직에서 여수시에서 반드시 필요한 공직자로서 자기 자신 인사를 하게 될 것입니다.

다시 힘내세요. 정치 공무원의 유혹을 이기세요. 감사합니다. 여러분의 공직 생활에 큰 발전과 영광이 있기를 기원합니다. 고마웠습니다. (2023.1. 여수시 투자박람회과장 김태완)

청년일자리과 해단식 후기

조직 개편으로 청년일자리과가 청년인구정책관과 경제일자리과로 분리되면서 직원들과 호텔에서 여수 청년인구 워크숍을 열어 도시발전 토론과 해단식을 가지면서 남긴 아쉬움의 후기이다.

황여진 팀장님, 홍숙자 팀장님, 서근채 팀장님, 김기현 팀장님, 조현희 팀장님, 정진 주무관님, 김지원 주무관님, 배병찬 주무관님, 한영미 주무관님, 전민경 주무관님, 박수진 주무관님, 최연우 주무관님, 임가현 주무관님, 김혜영 주무관님, 박혜인 주무관님, 정은경 주무관님, 이유라 주무관님, 박미자 주무관님, 전나래 주무관님, 김도현 주무관님, 이진아 센터장님, 송현주 주무관님,
함께 근무하는 동안 아주 감사했습니다.

감사하고 감사했습니다.

여러분 한 분 한 분은 너무나 소중한 분들이었습니다.

뛰어난 능력과 역량이 많은 분들로 여수를, 여수시민을 사랑하는 공직자임을 보았습니다.

자신에 대한 사랑 즉 높은 자존감으로 용기와 기쁜 마음으로 살아간다면 행복한 삶을 영위할 것입니다.

여러분의 생활과 삶에 많은 영광들이 임하기를 기원합니다.

부족함이 많은 과장에게 서운함이 있더라도 넓은 마음으로 양해와 용서를 구합니다.

매일 매일 인내와 오래 참음으로 열정과 연구로 직장에서도 좋은 열매를 맺기를 기원합니다.

항상 건강하세요.

감사했습니다.

2024.7. 여수시 청년일자리과장 김태완.

인생이 여행이라면 종착지는 자연이다

영락공원 승화원, 내가 살고 있는 도시의 화장장과 납골시설의 이름이다. 현대식 건물로 지어지고 넓은 공간에 시청이 직영으로 운영·관리하는 곳이다. 수년째 가까운 분들이 돌아가시면 조문 차 오는 곳이다. 장수하시고 떠나신 분들을 조문할 때와 달리 안타깝게 떠난 외가 사촌 동생이 52세에 세상을 떠났다. 납골당에 안치하기 위해 시립승화원에서 화장 순서를 기다리고 있었다. 외가 쪽 큰형님, 누님, 동생들이 함께 모여 빨리 떠난 동생을 많이 안쓰러워했다. 대기하는 좌석에는 또 다른 고인 추모객 서른여 분이 앉아 있었다. 화장이 진행 중인 세 분의 고인 성명이 시작 시각과 종료 시각이 화면에 표시되어 있다. 한 시간 30분 정도가 소요 되는 것 같았다.

기다리며 이 사람, 저 사람의 모습들을 보고 영락공원 사무실 벽에 시선이 멈추었다. "인생이 여행이라면 종착지는 자연이다."라는 수목 형 자연잔디와 잔디 형 조성을 안내하는 문구이다. 가만히 서서 읽으면서 쉼 없이 살아온 인생들의 멈춤과 육신의 관점에서 표현한 글로 생각된다. 끝나는 삶이 영원한 영면으로 인식하는 세상의 통념이다. 문득 "명복을 빈다."라는 의미를 찾아보니 불교 용어로 저세상에서 좋은 곳에 가기를 빈다는 내용이었다.

영락공원은 소라면 봉두리에 있다. 시립공원 묘지와 납골당을 함께 운영한다. 화장장 시설도 함께 있다. 전남 동부권에서 가장 큰 시설이다. 오늘도 손 없는 날이라고 묘 이장으로 화장을 많이 한다. 이 도시에 사는 많은 사람들이 다녀간다. 아마도 대부분은 시민들이 다녀갔을 것이다. 고인의 친인척과 지인들로 말이다. 내가 생전에 아는 분들이 묘지에 잠들어 있다. 장모님, 자형 그리고 많은 분이 부활의 그날을 기다리고 있다.

이번에 장막 저편으로 떠난 사촌은 어머니 남동생의 둘째 아들로 외사촌이다. 6살 아래이다. 먹고살기에 바쁘다 보니 애경사 있을 때만 만나는 그런 관계가 되어버렸다. 그런데 갑자기 사고를 당해 세상을 떠난 것이다. 위로 형과 누나가 있고 막내 여동생이 있다. 외사촌이지만 어머니가 일찍 세상을 떠나다 보니 왕래가 부족했다. 아버지와 외삼촌도 세상을 떠나고 보니 더 그렇게 된 것 같다.

동생아. 삶의 짐들이 너무 커서 두렵고 안개 낀 앞날들이 보이질 않지. 외로움, 그 방황의 날들을 지나지 않는 이가 있겠냐마는 동생의 삶 옆에 나의 도움은 부족한 마음뿐이었다. 바닷가에 살던 너는 바다에서 길을 잡았구나. 친구의 배웅을 받으며 아버지 고향 가까운 여자만 가까이서 생을 마감했구나. 어찌 사랑했던 이가 없었겠냐마는 가정을 만들지 않고 세월이 흘러 후손 없이 떠나는구나. 큰 관은 한 시간 하구도 반 시간 만에 작은 항아리에 너를 담아 영락공원 건물 안에 두고 떠난다. "오빠 잘 가."라는 여동생의 이별 인사는 장마 속 온 산천에 사랑비를 뿌리듯 마음속에 메아리친다.

　하지만 구속의 계획을 믿고 있는 나로선 이 복음을 통해 성전 의식을 받아주고 동생이 영의 세계에서 복음을 받아들여 하나님께서 주시는 모든 축복을 받을 수 있기를 기도드린다. 내가 해줄 수 있는 것이 이것이 전부인 것 같다. 하나님의 크신 자비와 은혜를 알리고 내게 주어진 권한의 범위 내에서 지혜롭게 행하는 것이다. 주께서 명하시면 순종의 준비를 다 할 다짐을 하자. 가족과 자녀 그리고 후손을 위해 주님의 계획을 이루도록 해야 한다는 마음을 다시 한번 기억한다.

　"인생이 여행이라면 종착지는 자연이다."라는 말에 내가 아는 것을 덧붙이고 싶다. 세상에 태어난 모든 이들은 영의 세계에 존재했었다. 아주 오랜 시간 동안 그곳에서 배우고 성장했다. 그리고 구원의 계획에 의해서 모든 영들은 지상에 육신의 부모를 통해 태어난다. 이렇게도 살고 저렇게도 살며, 이름 없이 살다가 떠나는 이와 세상에 이름을 알리고 떠나는 이들도 있다. 세상은 큰 명예와 많은 부를, 그리고 높은 권력을 구하고 이를 얻고 이룰 때 성공한 삶이라고 한다. 하지만 그 영의 세계에서 계획된 삶의 목적은 그렇지 않았다고 한다. 잠언에는 잔칫집보다 상갓집에서 더 좋은 배움의 장이 된다는 말이 있다. 더 깊게 더 많은 생각을 하게 한 영락공원 사무실 벽에 붙여진 "인생이 여행이라면 종착지는 자연이다."라는 문구에 "육신은 종착지 자연으로 가고 영은 다시 경유지 영의 세계로 간다."라는 말이 아직은 실감할 수 없다. (2022.8)

어머님께

어머님! 오늘은 직장에서 일직이라 교회에 참석지 못하고 사무실로 출근했습니다. 어머님께서 제가 공직 생활을 시작한 지 2년 6개월이 시작되는 1992년 8월 8일에 장막 저편으로 가셨습니다. 55세에 세상을 떠나셨는데 제 나이가 어머님 나이를 넘어 올해 58세입니다.

직장을 다니기 시작한 지 얼마 안 되어서 어머니께서 중병의 병원 진단으로 가족들이 큰 충격을 받았습니다.

어머님 자신께서는 더 충격을 받으셨겠지요. 아무에게도 말 못하고 홀로이 그 큰 고통과 외로운 길을 감당하셨지요? 몸이 편찮으셔서 치료와 투병 중일 때 저는 29세의 큰아들이지만 경험이 적고 철들지 않아 어떻게 이 일들을 처리해야 할지 몰라서 힘들었습니다.

　사실 제가 세상을 인식하던 나이가 되어 초등학교 가기 전 아버지는 몸이 아파서 제대로 벌이를 못 하고 손 위 누나가 돌 전후로 병으로 사망하여 가정에 다툼과 불화가 싹텄다고 이해합니다. 아버지는 병으로 가장의 역할을 못 하여 가난이 시작되자 논과 밭을 팔아 마을 중심인 집 앞에 가게와 이발소를 열었습니다. 큰 벌이가 되지 않아 내가 초등 시절에 문을 닫은 후 가난은 가정을 시베리아 폭설이 몰아치는 겨울처럼 가족 모두에게 큰 아픔을 주었습니다.

　그 고난과 짐을 어머님께서 모두 감당하였습니다. 당연한 것처럼 말입니다. 얼마나 힘드셨습니까. 먼 거리의 우물에서 물통에 담아 머리에 이어 날랐습니다. 겨울과 1년간 사용할 땔감 나무를 혼자서 산에 가서 마련하셨습니다. 농사를 지어도 1년간 먹을 양식이 부족했습니다. 빨래며, 모든 집안일이 어머님의 일이자 짐이었습니다. 1남 5녀, 6남매의 기본적으로 양육을 할 수 없었으니 학교 보내는 일도 어려웠습니다.

　참으로 끔찍한 삶이었습니다. 그런 가운데 아들이 공직에 들어가 직장생활을 하니 얼마나 기쁘셨습니까?
　그런데 중병이라뇨.

누나가 초등학교 졸업하고 서울에 가정부로 간 후 어머님께서 부엌에서 불꼬챙이로 불을 지피시며 매일 울던 그 모습을 영원히 잊지 못합니다. 아마도 절망이었겠지요? 다른 친구들은 중학교 진학을 하는데 뛰어난 큰딸을 가정부로 보내는 엄마 마음은 아버지에 대한 원망이 크고 생활 태도를 보면 더 무너지는 마음이었겠지요.

아버님과 함께 계시니 자녀들과 손주 소식들은 다 들으셨겠지요. 어머님께서 소망하셨던 것보다 더 큰 축복을 받아 잘들 살고 있습니다. 저는 아들 셋, 딸 둘입니다. 어머님보다 둘이 적습니다. 어머님께서 며느리를 아끼셨는데 많이 늙어가고 있습니다. 어머님보다 한 살 아래인 54세입니다. 저는 그래도 직장 다니며 밥벌이를 해서 두 딸은 미국 유학을 보내 귀국을 해서 큰딸은 유복한 남편을 얻어 손주를 놓고 잘 살고 있습니다. 세 명의 아들도 잘하고 있습니다. 큰아들은 직장 다니고 둘째는 대학에 다니고 있습니다. 막내아들이 고3입니다.

이제 저도 공직 생활 34년째인데 퇴직이 3년 앞으로 다가왔습니다. 지금은 투자박람회과장으로 일하고 있습니다. 여기 오기 전엔 산업지원과장을 하였고 그 전엔 삼일동장을 했습니다. 조만간 화양면장으로 가고자 마음먹고 있습니다. 첫 발령지이고 조상들이 300년을 살아온 고향에서 일하는 것이 큰 기쁨일 것 같습니다. 외갓집은 길희 형이 기존 집터와 위 집터를 하나도 합병하여 집을 좋게 지어서 살고 있습니다. 외삼촌 두 분과 이모님도 다들 잘 계시지요?
　어머님 너무 걱정하지 마시고 마음 놓으시고 행복하세요. 이곳 아들과 딸들 잘 살아 있습니다.

　그립습니다. 어머님! 항상 죄송합니다. 어머니께서 내게 용기를 주셨던 격려의 말들이 저를 지탱하게 했고 당당하면서도 정직하게 사는 지표였습니다.
　안녕히 계세요. 어머님! 감사합니다. (2022.5)

약 타고 오는 길

 2년째였다. 두 달에 한 번 병원에 들러 검진받고 처방을 받아 약국에서 두 달 치 한 묶음의 약을 타서 검은 봉지를 들고 병원 주차장을 향해 걸었다. 그 길은 아버지에 대한 그리움과 죄송스러운 마음에 착한 아들로 돌아가는 길이었다. 크게 아버지의 삶이 공감되어 울컥하는 마음이, 한 번도 경험하지 못한 이순을 바라보는 철든 아들이 되는 순간이었다.

 아버지는 50대 중반에 당뇨 진단을 받아 배꼽 주변에 인슐린 주사를 놓던 모습을 기억한다. 어린 마음에 무섭기까지 했었다. 어른이 되어서도 사는 일이 바빴고, 직장과 자녀들을 양육한다고 아버지의 당뇨 치료와 병원 길에 한 번도 동행하지 못했다. 큰 병이 나서 수술하고 병원에서 치료받을 때는 관심을 두고 치료를 도왔지만, 한 달에 한 번씩 병원에 당뇨약 타러 가는 그 길은 무관심했던 것 같다.

아버지의 그 나이가 지나고 같은 병이 생기고 골반 통증이 올 때면 마음이 아려온다. 병원에 들어가는 현관에는 세 분의 직원이 코로나 체크와 열을 재고 거주지를 확인한다. 로비에서 접수증을 갖고 기다렸다 등록하고 내과 앞에서 다시 대기한다. 혈압을 재고서 당 체크를 채혈실에 다녀와야 한다.

순서가 되면 의사 선생을 만나 진료를 받고 상담한다. 두 달분 약 처방전을 받고 계산과 약국으로 향한다. 병원 인근의 약국은 다섯 명의 약사와 직원들이 바삐 움직인다.

다시 병원 주차장으로 돌아간다. 이 길이 아버지를 그리워하고 죄송스러운 마음으로 깨달음과 회개의 시간이 된다. 차를 이끌고 사무실로 간다. 숙연한 마음으로 업무를 처리하는 시간이 감사함으로 가득 찬다. 건강에 중요함도 가족을 부양하는 직장의 소중함도 한꺼번에 밀려온다.

사실은 초등학교 3학년 때 아버지의 등에 업혀 2*km*를 지나 여객선을 타고 시내 병원에서 왼쪽 다리에 깁스하고 다시 여객선으로 돌아와 2km를 나를 업고 걸었던 아버지는 얼마나 많은 땀을 흘렸을까 철없이 아버지를 원망했던 일과 힘들게 했던 마음을 회개하고 후회한다. 악마의 속임수가 가정에 들어와 불행을 주었다.

세상살이 선한 일과 힘든 모든 일들이 경험이다. 결국 그 경험들이 가르침과 배움이었다. 하늘은 가르쳤고 난 인내하였다. 견디었다. 세상의 모든 삶의 일들이 결국은 약 타고 오는 길 같다고 생각한다. 배우고 깨우치고 후회하며 회개로 개심하는 길이기 때문이다. 선친이 장막 저편으로 떠나신 지가 17년이다. 힘들고 부침이 많았던 삶을 철없는 시기에는 이해할 수 없었다. 이순을 앞두고 자녀들의 성장을 보면서 가장으로의 선친의 마음이 헤아려진다. 온유하게 아들을 대했던 모습들이 지금도 옆에 계신 듯 느껴지지만 철들어 가는 아들은 마음뿐이다.

부모님의 삶에서 그리고 이웃들의 모습에서 보았던 고난들과 시련을 극복하고 일군 자녀들과 후손들의 결실을 보면서 끝까지 견디고 성실하게 살아가는 삶은 해피엔딩이라는 것을 알게 된다.
　내가 아직도 외우고 있는 이 구절은 나에게 삶의 큰 가르침이다.
"양약고구 이어병 충언역이 이어행(良藥苦口 利於病 忠言逆耳 利於行)"이라. 〈孔子家語〉로 "좋은 약은 입에 쓰나 병에는 이롭고 진실한 말은 귀에 거슬리나 행실에는 이롭다."

오늘도 나는 약 타고 오는 길에 건강을 지키는 약 이상의 삶의 깨달음을 얻었다. (2022.1)

《해남신문》에 대한 소고(小考)

해남 지역은 특별한 인연과 연고는 없고 두 번 정도 방문한 기억이 있다. 막내아들이 공룡을 좋아하여 초등생일 때 황산면 우항리 공룡박물관과 유적지를 다녀온 일과 몇 년 전 직장에서 하루 일정으로 답사를 다녀온 추억이 있다. 알고 지내는 지인 한 분이 해남으로 귀촌하여 염소를 사육하며 사는 것이 전부이다. 남도 민으로 살면서 해남에 대한 인식은 마한 역사 유적지 발굴, 가사 문학의 윤선도 선생, 우수영 지역으로 땅이 부드럽고 편안한 문화의 고장으로 알고 있는 게 전부이다.

며칠 전에 인터넷에서《해남신문》을 우연히 방문하게 되었다. 신문사 소개를 클릭하고 연혁을 읽어보니 해남신문의 저력과 해남군민의 수준 높은 시민정신을 알게 되었다. 1989년 10월에 군민 33인으로 창간 추진위원회를 결성하여 이듬해 4월 발기인 사백오십이 명으로 발기인 모임을 갖고 1990년 6월 22일에 창간호를 발행했다는 것이다. 30여 년 동안의 발자취를 보면서 놀라움을 감출 수가 없었다. 즐겨찾기 모음 신문 폴더에《해남신문》을 추가하고 매일 아침 출근하면 신문을 열고 오피니언 사설, 칼럼부터 읽어보기 시작하였다.

《해남신문》은 주당 16면으로 해남군 지역에 70%, 광주·전남 지역에 15%, 서울·경기 지역에 10%, 기타 지역 5% 비율로 배포하고 있다고 한다. 또한 한국ABC협회 회원사로 2005년부터 가입하여 15년 연속 지역신문 발전기금 우선지원 대상사로 선정되는 영예를 받았다고 한다. 2018년도에는 전국지역신문 가운데 유가부수 1위를 하였다고도 한다. 이러한 성과는 창간과 동시에 편집과 경영을 엄격히 분리하여 언론 본연의 역할에 충실한 결과라고 소개하고 있다. 각종 매스컴으로부터 대한민국 대표 지역 언론 모델로 주목받고 있다고도 한다.

220여 개의 시군 중에《해남신문》과 같은 모범사례는 놀랍게도 군지역인《옥천신문》,《홍성신문》,《남해신문》,《서귀포신문》등은 주민들의 3,000~ 5,000부 유가부수로 운영되고 있다는 것이다. 지역 주도의 언론 환경이 다른 시군 지역과 비교가 된다. 내가 살고 있는 도시에서도 50여 개의 언론이 있지만 사실《해남신문》과 같은 모범사례가 없다. "하나를 보면 열을 안다."는 말이 있듯이《해남신문》의 성공 사례를 보면서 해남을 다 알 수 있다는 기분이다. 한 지역의 행정, 문화, 지역 발전은 주민의 성숙된 의식과 비전 있는 지도자들의 큰 역할이 필요하다.《해남신문》의 선도적 역할을 보면서 민선 시대의 해남군 지역의 미래가 밝다는 생각을 한다.

이러한 저변에 도도히 흐르고 있는 해남 정신의 뿌리는 무엇일까를 생각해 본다. 고산 윤선도의 가사문학, 해남의병, 전라우수영민, 강강술래 등의 민중들의 삶을 통한 정신일 것이다. 30년 전《해남주민》창간·발기인 사백팔십오 명은 자신들이 알았든 몰랐든 간에 위대한 해남 정신의 뿌리에서 출발한 것이다. 그 정신은 언론·출판의 자유는 헌법 정신이기도 하다.

《해남신문》의 현재의 영예가 주인 된 주민의 높은 주인의식이요 자주 의식이며 진정한 민주주의 기초에 기반을 두고 있는 것이다.《해남신문》의 발전을 기원하고 주민들의 행복과 진정한 주민 중심의 언론으로 길이길이 번성하기를 기원한다. (2021.8)

내 인생의 선지

선지자는 계시받는 자이다. 인간의 지혜를 넘어 올바른 미래를 내다볼 수 있는 은사의 권세를 지닌 자이다. 나는 내 자신을 안다. 그 영감과 지혜자의 말과 글에 의지할 수 없다면 어리석게 방황해야 한다는 것을 경험으로 알고 있다. 나에게 그 선지자 역할은 누구였는지 돌아보면 저만치 멀어져 가는 분들이 내게 큰 영향을 주었다.

어린 유년기와 중학교까지는 도덕성과 양심, 정직이 내 선지자의 역할을 하였다. 그러면서도 영원한 것에 대한 내면의 물음과 탐구는 그 시절부터 지금까지 변함이 없다. 고등학생 청소년 시기에는 민족에 눈을 뜨면서 백범 김구 선생과 도산 안창호 선생이 그 위치에 있었다. 오직 국가와 민족에 대한 사랑을 키우면서 성장하는 시기였다. 세상에 대한 인식을 두고 가장 먼저 열정으로 삶에 목적을 찾았던 첫 번째 시기였다. 그때는 민족과 국가를 위해 사는 것이 내 마음속 깊은 곳에서 의미 있는 삶의 동기가 되었다. 그러면서도 한편으로는 근원적인 질문, 즉 사람들은 무엇인가? 나는 누구인가? 사람은 왜 지상에 존재하고, 죽음 너머 어디로 가는가? 그 시기는 기독교의 성경과 불교의 화엄경, 유교의 사서삼경 등을 어깨 너머로 공부하듯 살펴보고 진리를 구하고 깨달음을 얻고자 하는 구도의 삶의 시기였다.

청년이 되어 직장을 얻고 부모를 장막 저편으로 보내고 살의 시련들 앞에서 삶의 목적을 찾아 두 번째로 열심히 구하고 길을 찾아 헤맸다. 결국 사람이 아닌 신에게 의지하고자 하고 그 가르침에 따라 살고자 하는 소망으로 기독교와 성경에서 길을 찾기 시작했다. 29세 때 어렴풋이 길에 들어섰다. 이제 58세로 60을 앞둔 늙은이가 되어가고 있다. 30년 전 그 선지자를 성경에서 찾았다. 기도와 명상으로 절대자의 응답을 받았다. 회복된 교회를 찾은 것이다. 선지자들의 인도를 받게 된 것이다. 하나님께 더 가까이 다가갔던 것이다. 모든 인류가 그분의 자손임도 듣게 되었다. 인생의 목적도 이해하게 되었다. 무엇을 어떻게 살아야 하는지도 배우게 되었다. 자녀와 후손을 위한 개인의 큰 임무와 사명도 배우게 되었다. 무엇보다도 세상에서 유한적이고 연약한 자로 구주께 의지하지 않으면 아무것도 아님을 배우게 되었다. 그리고서 영원한 존재인 한 개인으로서도 구주에게 완전히 의존하지 않고서는 아무것도 아님을 알게 되었다.

태어나서 30년 가까이 일반적인 생활을 하면서도 마음 깊은 곳은 언제나 구도의 길을 홀로이 걸었다. 그 알 수 없는 삶의 목적과 세상의 이치들을 이해하고자 고뇌하고 방황했는지 모른다. 그 기점은 29세에 왔다. 시련에 시련을 겪으면서 결국은 기도하기 시작하였고 그에 대한 응답으로 회복된 참된 교회와 선진 자들, 새로운 경전들을 만나게 되었다. 그리고 세월이 흘러 30년 이상의 시간이 지났다. 내가 안다고 믿었던 것이 전부가 아님을 이순이 되어서 이해하게 된다.

많이 가르친다고 말했던 교리와 말씀들이 모두 다 내게 적용되어야 할 것들임을 깨닫게 되었다. 참된 교회에 있다고, 사도와 선지자가 있어 말해줌으로 그분들의 말만 듣고 시간을 허비했는지도 모른다. 내 스스로 구주께 더 가까이 가야 했다.

나의 개인 채널을 항상 사용했어야 했고 녹슬지 않게 해야 했다. 4대 표준경전 연구(깊이 생각하는)로 구주께 더 가까이 가서 실재의 하나님을 인식해야 했다. 관념적인 머리의 생각으로만 하고 마음과 삶이 그러한 실제의 변화가 일어나지 않은 것을 깨닫게 되었다. 실제 존재하는 분을 인식하는 신앙이 내게 필요함을 이해하게 되었다. 이제는 자유의 시간이 많다. 봄에 피는 꽃을 보고 감흥을 느꼈던 어린 시절로 돌아가자. 감사하고, 아름다운 꽃과 자연의 모습들을 통해 창조자인 구주를 신앙으로 경배하는 사람으로 돌아가자. 사실은 새로운 피조물이 되도록 명상과 구하는 시간이 스며들게 하자. 다름과 차이를 받아들이고 인정하자. 과거에 구속과 속박에서 벗어나 나의 신앙과 사상과 모습대로 그렇게 살아가자. 전세의 내가 있으니, 모두와 같은 모습으로 사는 것은 불가하고 부질없는 시도이다. 하물며 자녀와도 다르다. 자유의지와 각 개인의 정체성은 하나님도 존중하는 하늘의 원리이다. 온전히 의존하고 바라보아야 할 권세자를 실제로 따라야겠다. (2024.12)

무소유 신화

초판 1쇄 발행 2025. 4. 25.

지은이 김태완
펴낸이 김병호
펴낸곳 주식회사 바른북스

편집진행 황금주
디자인 양현경

등록 2019년 4월 3일 제2019-000040호
주소 서울시 성동구 연무장5길 9-16, 301호 (성수동2가, 블루스톤타워)
대표전화 070-7857-9719 | **경영지원** 02-3409-9719 | **팩스** 070-7610-9820

•바른북스는 여러분의 다양한 아이디어와 원고 투고를 설레는 마음으로 기다리고 있습니다.

이메일 barunbooks21@naver.com | **원고투고** barunbooks21@naver.com
홈페이지 www.barunbooks.com | **공식 블로그** blog.naver.com/barunbooks7
공식 포스트 post.naver.com/barunbooks7 | **페이스북** facebook.com/barunbooks7

ⓒ 김태완, 2025
ISBN 979-11-7263-339-4 03810

•파본이나 잘못된 책은 구입하신 곳에서 교환해드립니다.
•이 책은 저작권법에 따라 보호를 받는 저작물이므로 무단전재 및 복제를 금지하며,
이 책 내용의 전부 및 일부를 이용하려면 반드시 저작권자와 도서출판 바른북스의 서면동의를 받아야 합니다.